W0398829

DES HARENGS AUX CERISES

Régine Poloniecka

DES HARENGS AUX CERISES

chemins obligés

récits

Robert Laffont

ISBN 978-2-221-24850-8
Dépôt légal : novembre 2020
Éditions Robert Laffont – 92, avenue de France 75013 Paris

Harengs

On peut prendre la vie par n'importe quel bout, aujourd'hui ce sera par le hareng.

Ces derniers temps, il s'est révélé à moi que ma vie était pleine de harengs ; jusqu'alors je ne m'en étais pas aperçue.

D'un certain côté, c'est un peu étonnant, car cet aliment ne fait pas partie de mon quotidien, il n'orne même pas mes murs, en original ou en reproduction, et cependant, c'est indubitable, ma vie est parsemée de harengs comme pour d'autres elle est parsemée de fleurs, et les harengs, dernièrement, sont revenus. Il y a beaucoup de fleurs dans ma vie, mais elles sont artificielles, les harengs, eux, sont vrais. Entendons-nous bien : mes fleurs, celles que je plante sur le balcon ou même dans la cuisine, celles que j'achète, celles que j'offre, sont toujours de vraies fleurs qui ont poussé, se sont écloses, se fanent, parfois même sentent bon. Mais pour moi, en dehors des coquelicots, bleuets et marguerites que je cueille au bord des champs de blé et de toutes les fleurs des jardins, les fleurs ne sont pas vraies. Je n'ai eu ni roses trémières, ni pivoines odorantes, ni iris veloutés, ni lilas double, ni forsythia éclatant dans mon jardin. Je n'ai jamais eu de jardin et n'arriverai sans doute jamais à en avoir un, à moins de le recevoir de quelqu'un. Il n'y en avait pas dans la famille, et maintenant comment en avoir un ? Et en plus, ce n'est pas une question d'argent. J'en ai planté, dans mon cœur, avec les fleuristes, avec les marchés, avec une terrasse, avec le vol le long des haies et des buissons. Mais les harengs, les harengs, je crois que j'en ai vraiment eu – et encore est-ce des miens ou de ceux de mes générations précédentes qu'il s'agit ? Le hareng serait-il le blason de mon arbre généalogique comme pour d'autres une licorne ou deux lions assis sur leur arrière, à la différence qu'il ne me viendrait pas à l'idée de le porter en chevalière, il se porte sur mes mains directement et il sent quand je le prépare. Chacun le sait d'ailleurs, les harengs grimpent aux arbres, se font peindre en bleu, rouge, vert, pour que la devinette soit plus difficile.

Est-ce la familiarité avec le hareng qui fait la presque similitude entre les femmes et les hommes juifs dans la continuité de son emploi et la succession des générations ? Les femmes, elles, cependant, ont appris en les soupesant, en les tâtant, à reconnaître les harengs mâles des harengs femelles en cherchant à différencier les harengs à œufs des harengs à laitance. Les hommes, eux, moins bien informés faute de pratique, en consomment davantage et boivent de la vodka avec.

À certains moments, les harengs mêmes étaient rares, mais vrais. Merveille de la nourriture des pauvres.

Bien sûr, il y a une différence fondamentale entre les fleurs et les harengs, c'est l'odeur. Pour les unes, elle peut être suave, raffinée, douce, merveilleuse, entêtante ; pour les autres désagréable, voire insupportable. Je n'aime pas celle des harengs sur mes mains après que je les ai préparés mais elle m'est familière. Je me suis rendu compte de cette familiarité un jour qu'il n'y avait pas plus de harengs que d'odeur de hareng dans les parages. Par une histoire de harengs, j'ai compris que j'aurais aimé épouser cet homme. Cela ne s'est pas fait, la situation ne s'y prêtait pas.

C'était un homme très élégant, l'homme le plus élégant que j'aie jamais connu (et je ne vis plus dans le ruisseau, même si j'aime le hareng), juif américain, intelligent, sensible, séducteur, il n'évoluait que parmi les *Wasp* de Paris (Wasp : *white anglo-saxon protestant*, Blanc anglo-saxon et protestant, descendant des premiers émigrants en Amérique, pour ceux qui n'ont pas essayé de sortir de leur hareng ou de leur potée par les langues étrangères), ne prenant un café qu'au Fouquet's (il n'était cependant pas arrivé dans sa rude ascension au whisky, n'ayant là fait, en trente ou trente-cinq ans, que le chemin du thé citron au café noir) et comme il n'avait pas le sou, c'étaient les autres, les Wasp de Paris ou de passage, qui payaient ses cafés ; ils lui auraient tout aussi bien payé les meilleurs havanes – pour quoi faire, un havane ? – et les meilleurs whiskies tant l'estime et l'admiration qu'ils lui portaient étaient grandes. Parfois, il avait de quoi payer, alors il invitait tout le monde, et tout le monde acceptait. Un jour, il m'a raconté comment, quand il était un petit garçon dans l'épicerie juive familiale, tenue en fait par sa mère, un tonneau de harengs était tombé sur sa seule paire de chaussures, qu'il avait justement aux pieds, et comment, des semaines et des mois durant, il a dû porter ces chaussures puantes, et avec quelle honte, et comment, quand il était dans une pièce close, il se déplaçait d'un coin de la pièce à l'autre, cherchant des subterfuges pour ouvrir une porte ou une fenêtre afin d'atténuer un peu l'odeur. Je l'aurais bercé, je l'aurais embrassé, je l'aurais épousé, lui qui me disait cela, simplement, avec émotion, des années et des années plus tard, alors que maintenant il ne portait plus que les meilleures chaussures de Bond Street. Nous avions le hareng en commun, mais ce mariage jamais envisagé (alors qu'il était célibataire, et moi libre) n'a jamais eu lieu. Bon, je pourrais décrire une géographie de ma vie amoureuse à travers le hareng.

Ainsi j'ai épousé un homme dont le hareng faisait intimement partie de la culture familiale et je me suis mise discrètement à lui faire, après lui avoir donné un premier fils, des harengs marinés (excusez la répétition du mot, mais il faut bien appeler un chat un chat, pas question d'en sortir), dont la recette m'avait été donnée par une vieille juive que je n'aimais pas du tout tant elle me paraissait bête, mais le hareng et l'intelligence n'ont rien en commun.

Ne vous imaginez pas que nous mangions du hareng matin, midi et soir et qu'entre-temps nous faisions l'amour, non, ce n'était pas du tout ça, même si cette façon de vivre aurait sans doute eu quelque charme. Il nous arrivait donc de manger du hareng ensemble, mais cette proximité n'a pas suffisamment adouci notre vie (il est vrai que le choix de cet aliment commun et salé n'était peut-être pas judicieux pour améliorer le quotidien et continuer) et nous nous sommes séparés. Les enfants étaient trop petits pour prendre la relève.

Puis j'ai retrouvé un homme goy (non-juif pour les juifs, je n'aime pas ce terme, pourrait paraître comme raciste) très bon qui a eu la malencontreuse particularité d'aimer le hareng sous toutes ses formes. Alors j'ai cru que tout était possible. J'ai vécu à moitié avec lui, puis après un temps correct de deuil de ma vie officielle conjugale, j'ai refait avec bonheur du hareng mariné, mais ce qui devait arriver arriva et après quelques années nous nous sommes séparés après avoir mangé trop de saumon fumé, pour lui arrosé de bière brune, lors d'un voyage en Irlande.

Mon enfance ne supportait pas un homme ivre même une fois et je n'en étais pas encore au saumon. Après un certain temps d'euphorie, puis de tristesse, j'ai voulu refaire du hareng mariné (hareng avec laitance de préférence, deux tiers d'eau, un tiers de vinaigre d'alcool, carottes, oignons, sel, poivre, feuilles de laurier, un peu de sucre, laisser frissonner) pour moi, les enfants étaient encore trop petits !

Eh bien, impossible, pendant des mois, des années (il est vrai qu'il n'y a pas eu auprès de moi un homme qui aimait le hareng), ou bien le plat était raté, moi qui ne rate jamais aucun plat, aucun gâteau, ou bien le plus souvent il était quand même réussi, mais il restait sans que j'y touche au réfrigérateur des semaines jusqu'à ce qu'il se gâte et qu'il soit bon à jeter, à tel point que la jeune femme qui m'aide à la maison disait, quand je commençais à faire du hareng : « C'est pour jeter quand ? » – la même chose s'est passée avec les pieds en gelée, mais c'est une variante culinaire hors sujet.

J'ai momentanément renoncé aux harengs marinés ménagers, mais je ne désespère pas et le hareng mariné ne me tarabuste plus actuellement.

Par contre, je me suis mise au vrai *herring* trempé dans la saumure ; le passage s'est fait imperceptiblement par les harengs de la Baltique d'un ou deux restaurants, puis par l'achat de harengs marinés du commerce.

Harengs

Maintenant j'en connais toutes les qualités : russes dans des grosses boîtes en fer rondes, à ne presque pas dessaler, rares à trouver, hollandais dans des tonneaux de saumure de qualité différente selon les magasins, plus ou moins salés, plus ou moins fermes, plus ou moins gros. Celui que je préfère vient, bien sûr, de la rue des Rosiers (la rue de Paris où il y a le plus de harengs), d'une petite épicerie tenue par un couple venu de Pologne. Comme on n'arrête pas le progrès ni l'évolution des mœurs, l'homme n'est plus à la yechiva et la femme à la boutique : la France et le Women's Lib sont passés par là, ils travaillent tous les deux. Ils ne sont plus tout jeunes, moi non plus, la femme avec un grand sourire de fausses dents d'or plonge ses mains rouges et ses bras jusqu'aux coudes dans la saumure, me faisant la faveur de chercher les plus gros et avec de la laitance (avec laquelle je fais une salade : laitance, huile, œufs durs, pomme verte, un peu de sucre). Les prix augmentent de mois en mois, il paraît que la taille des harengs aussi, depuis qu'ils ont perçu ma « bourgeoisie » et mon avidité réunies. La femme essaie toujours de me vendre autre chose – n'importe quoi, de toute façon ils ont de tout ; parfois j'achète et je sors avec en plus des harengs des œufs, des betteraves, des boîtes de tomates pelées, du *kvas* pour le borch, des amandes émincées ou en poudre, douces ou amères pour les gâteaux. Chacun de mes fils est venu et a admiré le magasin et ses tenanciers, l'aîné seulement (je n'en ai que deux mais si je dis chacun, un instant je peux croire, et vous faire croire, que j'en ai quatre, cinq, six, sept... la merveille, quoi !) m'a dit un jour à la maison : « Il faudrait quand même que je me mette à aimer le hareng. » Naïve, je lui ai demandé : « Pourquoi ? » Sérieux, il m'a dit : « Parce que sinon ça va se perdre. »

Les retours à la maison avec les harengs enveloppés dans du papier journal sont un peu difficiles : il importe d'abord qu'ils ne coulent pas dans la voiture, toujours l'odeur. Une fois que le hareng est sorti de son bain de saumure un autre temps commence et doit se dérouler quoi qu'il en soit. La préparation devient alors prioritaire à toute autre urgence, sinon on risque la mollesse ou même la pourriture, il n'est pas possible de faire autre chose. Le trempage dans une bassine, plus ou moins réservée à cet usage, pour dessaler, doit commencer tout de suite. Je n'ignore rien de ce temps de dessalage nécessaire selon la qualité, la saison et la provenance, il est défini et il ne faut ni le raccourcir ni l'allonger ; si on ne dessale pas comme il faut, on aura un produit trop salé ou trop mou. C'est ensuite au moment impératif de la fin du trempage que commencent les étapes désagréables : égouttage, épluchage de la peau, « enlevage » de l'arête centrale et surtout des petites arêtes, séchage des filets, enfin découpage en morceaux et mise en bocal avec ce qu'il faut d'huile, les morceaux bien rangés. Je n'ajoute pas d'oignons.

Ces opérations successives et nécessaires font chaque fois resurgir toutes les contraintes pour un moment de plaisir, elles se passent dans la cuisine, l'endroit aussi où parfois j'écris, le plus souvent le soir ; j'y suis seule avec une lampe supplémentaire venue de ma chambre pour mieux voir, force *Monde* et Sopalin pour les besognes fines et je jure ou dis : « Jamais plus. » Depuis peu, j'ai cédé aux gants fins de chirurgien, mon goût intouchable d'une tradition n'a pas résisté à la ténacité de l'odeur résistante à tout, citron compris, sur mes mains. Si mon horizon par ailleurs s'est élargi, je ne peux pas en sortir, et est-ce mon souhait vraiment ? J'ai essayé, bien que je sorte peu, d'aller manger du hareng ailleurs : une ou deux fois à la Maison du Danemark, calme feutré et porcelaine blanche ; au fast-food de luxe de la place Dauphine où une amie m'a emmenée. Le goût y est presque, mais l'atmosphère n'y est pas et la maison y manque, et puis d'abord : comment pouvoir manger du hareng à un moment défini à l'avance ? Ce serait ne rien avoir ressenti, ne rien avoir compris au besoin de la satisfaction immédiate du hareng doux et salé et ferme et qui fond dans la bouche. Pour être rassasié, la quantité est variable : parfois en rentrant au havre (rien à voir avec le port français) de la maison et avant de recommencer à travailler, un seul morceau suffit à calmer la faim ; à me calmer comme tout un plantureux repas, à me remplir. Parfois, il me faut beaucoup plus pour arriver au même résultat, et bien qu'habituellement soucieuse de ne pas aider davantage mon atavisme de hanches « rondes », il me faut trois, quatre, voire sept morceaux (comme les fils plus haut) pour arriver à mes fins.

Mon horizon s'est élargi un peu mais ne quitte pas la rue des Rosiers, ou un autre magasin, plus grand, carrelé de bleu à l'extérieur, Klapisch, dans lequel, enfant, ma tante m'envoyait chercher des sprats fumées qui devaient être « fraîches, brillantes et bien pleines » (le féminin était prisé à la maison) et des cornichons bien durs et pas trop salés (le hareng étant presque, paradoxalement, une création personnelle). J'y achète maintenant de petits bocaux transparents de harengs danois roses dits « à la cerise » tout préparés, que je mange à la maison avec délice.

C'est le vendeur qui, un jour, alors que j'appréciais ses harengs en saumure sortis des tonneaux, m'a dit en me montrant les danois roses (Danemark, premier pays où les droits de l'homme seraient respectés à 98 % et qui, juste après la guerre, à mon arrivée en France, nous fournissait, à nous, enfants de la guerre, du lait chaud et de l'huile de foie de morue à prendre impérativement le nez pincé et un livret rouge explicatif et publicitaire prônant ce libre pays) : « C'est ceux-là que je préfère. » Je lui ai dit : « Pourquoi ? » Il m'a dit : « C'est le goût. » Il est vrai que nous avions le même goût, et le même arrière-goût... En yiddish : *tam*.

Harengs

Je finirai là-dessus, étant quelque peu fatiguée – comme vous ? –, voire dégoûtée de sortir de mes tripes des poissons gros et nourrissants, même en petits morceaux bien nettoyés. Un jour, le vendeur de ce magasin-là, qui n'arrête pas de me faire penser à Woody Allen (et à d'autres), m'a raconté très longuement – alors que je venais en courant comme d'habitude acheter deux bocaux de harengs danois à la cerise et que lui faisait brûler dans un gobelet de fer-blanc une bougie commémorative sur le comptoir – la vie, l'arrestation, la mort de son père déporté, revenu, « décédé » maintenant, dont c'était le *Yahrzeit* (jour anniversaire de sa mort), et les questions qu'il ne lui avait pas posées. Il me fut impossible de sortir de « mon » hareng. Ce qui pourrait tout aussi bien s'appeler « mariner dans la saumure », ou mieux encore « du bonheur par le hareng ».

Colis

Pour commencer à écrire l'histoire du colis il m'a fallu retrouver la lettre de ma copine d'Amérique que j'ai reçue ce matin et que je n'avais pas lue – elle qui justement m'avait hier longuement téléphoné de New York. Une fois cette lettre trouvée et parcourue, j'ai dû alors rechercher mes stylos.

Je n'avais besoin que d'un certain stylo pour commencer à écrire l'histoire du colis, celui dont j'avais besoin était le vieux Parker 1923 avec la plume qui fait des pleins et des déliés comme à la communale, et comme je ne le retrouvai pas tout de suite il m'a fallu, même une fois que je l'ai eu retrouvé, retrouver tous les autres stylos que j'aime (et même ceux que j'aime moins aussi), vous comprendrez que je n'écrive pas beaucoup d'histoires, mais là maintenant je peux commencer à écrire l'histoire du colis.

Ne pensez pas qu'il s'agisse d'un colis de nourriture parce que je suis juive et qu'il y a eu la guerre, non, mais tout se rejoint, et aussi, si j'ai eu envie d'écrire l'histoire du colis c'est que je l'ai racontée au téléphone à une amie – la même que celle des harengs ; celle de la place Dauphine – et qu'elle m'a parlé d'autres choses qui m'importaient, et ce n'est qu'à la poste que j'avais pensé à une autre amie, étrangère, exilée, qui m'a dit comment, juste après son arrivée en France, elle allait passer un moment à la poste pour « se sentir mieux ».

Voilà, mon plus jeune fils, le deuxième, le benjamin, va depuis quatre ans, pour l'anglais, en vacances en Amérique. Comme après chaque départ, départ avant lequel je suis complètement épuisée et insupportable pour moi et pour les autres, une semaine, dix jours après, je reçois une lettre – j'ai bien entendu déjà téléphoné pour m'assurer qu'il est bien arrivé ! – où il me demande de lui envoyer quelque chose qu'il a oublié. Cette demande vient alors que dans les premiers jours après son départ, je dirais même dans les trois quatre premiers jours, quelques-uns de ses poissons sont subitement morts et que j'ai couru chez la Chinoise marchande de poissons exotiques pour essayer d'enrayer l'épidémie et remplacer au plus vite les défunts. Cette année, il n'avait plus qu'un poisson rouge dans un grand bocal rond à l'eau verdâtre. Mon fils en avait terminé avec la pisciculture des mers chaudes et avait même vendu l'aquarium sophistiqué à un voisin de son père qui vit ailleurs. J'ai, dès le surlendemain de son départ, alors que je me défends de le faire quand il est là et que c'est un sujet de discussion entre nous, nettoyé le bocal, changé l'eau pour remettre le poisson dans un bocal propre, mais je l'ai cassé dans la baignoire, où tout cela se passait. Pour me rattraper j'ai dit *Mazel tov* (ça porte bonheur pour les mères juives). Je n'ai pas couru chez la Chinoise – tous les progrès sont dans la nature et ailleurs –, mais l'ai mis (le poisson) dans un bocal à confiture, le poisson, lui, n'avait pas été blessé. Puis la jeune femme qui travaille à la maison m'a proposé de me donner le bocal rond, de taille plus modeste que le cassé, que mon fils (le même) lui avait donné pour qu'elle y mette un poisson rouge pour son fils à elle ; moins encore amie des animaux et poissons que je ne le suis, ou moins poire, et surtout plus occupée encore que moi, elle n'avait plus jamais donné à ce bocal un habitant à nageoires, donc il était libre.

C'est dans ces circonstances que j'ai reçu la première et habituelle lettre d'Amérique, où mon fils me disait combien tout était « super » et me demandait aussi, cette fois-ci, de lui envoyer l'un de ses tubes à lentilles de contact, avec quelques indications pour le retrouver dans sa chambre, me disant qu'en attendant il se « débrouillait » sans. Mon enfant devant se débrouiller ! Mon sang n'a fait qu'un tour. Il me fallait le lui envoyer, ce tube. Bien sûr j'ai quand même pensé en passant que l'Amérique était le pays des premiers colons blancs puis juifs, des émigrants, et des premières lentilles de contact (les autres lentilles vertes ou brunes venant d'Auvergne, les noires du Brésil, un de mes secrets pays d'adoption, celui de l'amie étrangère qui va à la poste pour se sentir bien à Paris) et que dans n'importe quel magasin d'optique à New Milford (Connecticut 06776) il aurait pu trouver un tube à lentilles mais il faut faire ce qu'il faut faire et dans sa chambre j'ai retrouvé le tube.

Il s'agit d'une boîte de plastique blanc, ronde, de deux centimètres de large et trois centimètres de haut qui se visse et avec écrit dessus en rouge « *Lens* » (lentilles). Mais comment envoyer un tube vide de deux centimètres sur trois en Amérique ? J'y ai ajouté *Vie et Destin*, de Vassili Grossman (Press Pocket) avec le secret espoir que, touché par l'envoi de la boîte à lentilles, il lirait le livre, d'autant qu'il m'avait dit avoir entendu une actrice qu'il admire, Fanny Ardant, vanter ce livre, ce qui rendait les chances de lecture un peu plus grandes. Avec *Vie et Destin*, que j'avais offert au moins cinq fois dans l'année (à tel point que Le Divan, la librairie où je l'avais acheté quatre fois dans l'édition normale – Julliard –, me faisait 5 % de réduction), l'envoi devenait précieux. J'ai acheté à la poste un carton d'envoi (3,90 francs) que j'ai demandé à un jeune homme de me plier et de fermer, n'ayant pas, pour cause de guerre, été à l'école suffisamment tôt pour comprendre quelque chose aux « pliages d'après pointillés », et ainsi les pliages sont restés l'une de mes bêtes noires. Dans une lettre d'accompagnement, je lui ai même précisé qu'il donne le livre à quelqu'un avant de partir des États-Unis (espérant toujours qu'il l'aurait lu) si le livre n'avait pas été traduit en anglais, ou qu'il trouve quelqu'un qui puisse le lire en français.

Huit jours plus tard, deuxième lettre, cette fois-ci (il est parti pour deux mois, cette année-là, il est maintenant moniteur) il me demande le « bleu de travail » qu'il a acheté cinq francs aux puces et des paillettes de morceaux de verres de couleur qui sont dans une petite boîte de sa chambre. Il est vrai qu'il m'avait déjà demandé de mettre une pièce à un gros trou au genou de ce bleu déjà fortement rapiécé (la fermeture Éclair, elle, marchait bien encore) comme il m'avait longtemps demandé, avec un grand plaisir, de lui repriser un très vieux survêtement ou même des chaussettes. J'avais répondu que je ne savais pas bien mettre les pièces et que je n'avais pas le temps, il s'était adressé alors à la jeune femme qui travaille chez nous, mais elle venait d'avoir un second enfant et n'a pas eu le temps ; le bleu était resté avec le trou. J'ai tout trouvé toute seule, le bleu et les paillettes, j'ai promené avec moi le tout, avec du papier kraft (en fait un vieux sac en kraft), de la ficelle et des ciseaux pendant trois jours, espérant avoir le temps dans la journée de faire le paquet et de l'envoyer, mais remontant chaque soir de ma voiture tous ces trésors avec les autres paquets et le panier à commissions, par crainte d'un vol. Aujourd'hui, au risque de me retrouver dans les embouteillages alors que je rentrais exceptionnellement tôt, je me suis arrêtée à cinq heures et demie à un bureau de poste pour envoyer le tout. Le volume était suffisant cette fois (c'est un gros bleu de travail) pour être mis dans un carton sans rien ajouter, et en principe je ne voulais pas lésiner, même si j'avais déjà mon attirail-colis (sac en kraft, ficelle, ciseaux, même scotch emprunté au travail), mais le carton à 3,90 francs était trop petit (deuxième taille) et celui à 5,10 francs trop grand (troisième taille). J'ai même demandé, en lui montrant le bleu, à la jeune fille du guichet et elle m'a confirmé que le 3,90 était trop petit. Je n'ai pas pensé un instant à ce que ça pouvait bien faire si le paquet était trop gros. Si, en fait, je n'ai fait que penser, et très vite, sans rien demander au guichet à côté duquel j'étais, je me suis dit qu'on ne pouvait envoyer à l'étranger des paquets que jusqu'à une certaine taille, et que peut-être le 5,10 francs serait trop grand. J'ai mis une demi-heure avec le grand vieux sac de papier kraft et diverses ficelles de récupération, les ciseaux de manucure, à faire le paquet et à écrire dessus le mieux possible (il n'y avait pas beaucoup de place entre les ficelles) l'adresse des deux côtés.

Le paquet fini, il fallait voir quel paquet c'était ! Complètement sous-développé, froissé, cabossé, ficelé avec diverses ficelles, l'adresse écrite sans étiquette à même le papier, un peu sale, venant tout droit du *stetl* (village juif de Pologne en yiddish) dont je ne suis même pas issue directement. Un peu honteuse quand même du paquet, je le présente à la jeune fille du guichet, elle me tend la fiche verte de douane ; à « prix déclaré », j'inscris « 5 francs ». Je demande le prix du paquet par bateau et par avion : « Par bateau, 70,40 francs, par avion, 116,20 francs. » Je choisis l'avion.

Quand je suis rentrée à la maison, embêtée quand même de ne pas avoir fait le paquet avec le carton à 5,10 francs, craignant que ce paquet n'arrive pas, je me suis aperçue que je n'avais pas mis sur le paquet « par avion », pas plus que la jeune fille des PTT. J'ai donc cherché sur un plan de Paris où se trouvait la poste, dans le Bottin – pages « Informations » –, le numéro de téléphone de cette poste et j'ai téléphoné pour demander presque humblement que l'on veuille bien mettre « par avion » sur mon paquet (en expliquant...). La dame du téléphone m'a rassurée, « tout est vérifié derrière ». Elle savait parfaitement déjà de quel paquet il s'agissait alors que ce n'était même pas la jeune fille du guichet ! Elle m'a quand même dit gentiment et avec un peu de condescendance : « La prochaine fois quand vous envoyez un paquet si loin, qui va quand même voyager quelques jours, il faudrait le faire mieux. »

Moi, toujours un peu humble : « Oui, oui, j'ai regretté de ne pas avoir pris – euphémisme – le carton, mais il était trop grand ! Si je n'habitais pas si loin je serais revenue le refaire ! Mais il arrivera quand même ?

– Oui », a dit la dame.

Il est vrai que j'ai moi-même beaucoup voyagé et pas toujours très bien. Si j'avais été à l'école assez tôt, si je n'avais pas eu à sauter autant de classes, si les pliages n'avaient pas eu de secrets pour moi, aurai-je acheté le carton à 5,10 francs ? Si je ne l'ai pas fait, est-ce parce que, au fond, je craignais d'avoir à demander à un monsieur comment faire ? Vais-je souvent penser à ce paquet jusqu'à ce que je sache s'il est arrivé à destination ? et même après ?

Anneaux-bagues

Comme je me sentais seule*, je me suis habillée de mon anneau en argent. C'est un anneau tordu comme moi d'une façon un peu spéciale : de quelque point que l'on parte en en faisant le tour on arrive au point de départ, le mouvement s'appelle éternel ou infini, ce qui n'est pas la même chose ; infini, il le serait comme une partie de ma bêtise ou de ma folie ; éternel, comme je voudrais que tout brin d'herbe, voire toute machine à laver le linge le reste.

Cet anneau, je l'ai acheté aux Baux-de-Provence avec l'homme qui voulait me voir porter une alliance en diamants au doigt. J'ai refusé cette alliance, ou du moins je n'ai pas pu l'accepter – les deux versions se défendent –, moi, en tout cas, je me suis défendue.

* « Elle s'allonge / Pour se sentir moins seule », Paul Éluard, « L'Univers-solitude », *La Vie immédiate*.

J'ai acheté l'anneau en sa présence, et je l'ai payé, il ne s'était d'ailleurs là pas proposé. Lui, il s'était proposé pour une alliance en diamants, un anneau en argent tordu ne l'intéressait sans doute pas.

En fait ce n'était pas de cet anneau des Baux dont je me suis vêtue pour me sentir moins seule, mais d'un autre que j'ai racheté. Le premier je l'ai perdu lors d'un voyage en Chine, il n'était donc pas retrouvable. Mais je m'étais vite consolée de sa perte en pensant au plaisir de la femme chinoise qui le trouverait, et surtout parce que je savais où m'en trouver un semblable – en le rachetant, mais bien sûr cela n'avait aucune importance. Retrouver, racheter un objet perdu fait partie de ma géographie intime et ainsi Les Baux-de-Provence six années auparavant et le faubourg Saint-Honoré à Paris ne faisaient-ils qu'un seul lieu pour moi. J'ai eu du temps de mon mariage un anneau rond, une alliance en or blanc discrète et fine que j'ai portée avec sérieux et bonheur pendant des années, et que j'ai enlevée et mise dans une petite boîte à bague ancienne à partir du moment où je ne me suis plus considérée comme mariée avec l'homme que j'avais aimé, qui est le père de mes enfants. Quand l'un de nous a pensé que nous ne pouvions plus vivre ensemble, et donc que l'autre ne pouvait que suivre cette idée, cela a donné pour nous et pour les autres une séparation. Le père de mes enfants est parti de la maison en emportant la boîte ancienne avec lui. Ainsi est partie l'alliance que je ne portais plus depuis plusieurs mois, faite par mon oncle joaillier, après que je l'ai portée avec sérieux et bonheur plusieurs années. Les objets doivent avoir leur propre indépendance peut-être quand ils n'ont pas été dûment achetés à ceux qui les ont fabriqués, comme les premiers-nés mâles doivent être chez les juifs symboliquement rachetés à Dieu par tous les bijoux et tout l'argent placés sur un plateau – ce qui m'a toujours choquée – des gens présents, lors du *Pidyon ha-ben*, la cérémonie du rachat du fils, en souvenir du fait que les premiers-nés juifs ont été épargnés lors des dix plaies d'Égypte, ce qui m'a toujours choquée aussi. Qu'Ève ait dit à la naissance de Caïn : « J'ai acquis un fils de Dieu » m'a moins choquée ; la naissance de mes fils continue encore à m'apparaître comme un miracle, même si je ne crois pas au rachat bien sûr, ni même à Dieu.

Je ne sais absolument pas ce que cette alliance est devenue et maintenant après un long temps, cela m'est égal. Depuis, je n'ai plus jamais eu d'anneau rond, si ce n'est, juste après, des anneaux en verre de Jérusalem, cassables et que d'ailleurs je ne mets plus non plus.

J'ai donc mis mon anneau tordu, dont j'aime la forme, et ma montre. Il se trouve qu'apparemment par hasard ma montre a été dessinée par la même femme danoise qui a dessiné mon anneau : Torun (peut-être que chaque être humain a certaines formes singulières dans la tête, et qui correspondent parfois aux formes de quelqu'un d'autre). Quand j'étais étudiante, j'admirais, dans la vitrine d'un magasin du boulevard Saint-Germain, La galerie du siècle, les bijoux de Torun. Ces bijoux, même les anneaux tordus en argent, étaient bien trop chers pour moi et je me contentais de les regarder et d'admirer mon bon goût. C'est vingt ans plus tard que j'ai acheté, ailleurs, la montre. C'était la montre de mon père, mon père ne m'a pas légué sa montre, je n'étais pas son fils, il n'a pas eu le temps d'avoir un fils, donc son fils, c'est quand même moi, et sa montre, une montre Oméga, lui a été prise, alors que j'étais là, petite, par un Allemand au ghetto. Un jour il est rentré sans et il a raconté. Ma montre à moi, elle est comme la sienne, grande, ronde, plate, et de plus le cadran est lisse, sans aucun chiffre, sans trait. Les repères presque imaginaires sont juste suffisants pour lire l'heure. Haut et bas (12 et 6) par l'emplacement du fin bracelet métallique et le 3 à droite par celui du remontoir, le reste en découle et se fabrique dans la tête. C'est simple mais les gens ne comprennent pas ; les enfants, eux, demandent et je leur explique. Ma montre je la porte même si elle est arrêtée, c'est ma sécurité, ma sécurité alors qu'elle retarde, alors qu'il faut la remonter, la mettre à l'heure, c'est la seule partie de moi qui me plaît complètement et sur laquelle j'accepte d'autrui tranquillement les compliments :

« Elle est belle votre montre ! » Hier encore. « Oui, dis-je, je l'aime beaucoup. » J'ajoute pour moi-même, et parfois à haute voix : « Et toujours autant, je ne m'en lasse pas. » Et parfois encore : « Elle a été dessinée par une femme danoise, Torun. » Et je raconte parfois La galerie du siècle et l'achat vingt ans après.

À ma montre j'ai fait cependant une infidélité avec une bague, de la même façon avec un temps de latence de vingt ans entre le désir et la réalité. Quand j'étais étudiante et après, j'ai eu un patron que j'admirais beaucoup, je pourrais dire avec quelque ironie : c'était un vrai père pour moi. Il me faudrait en effet le dire avec ironie parce qu'il n'avait aucune envie de l'être : il n'était pas père, même pas pour lui-même, il n'avait pas d'enfants. Nous nous estimions sans doute pour notre sérieux, notre travail, notre fidélité aux amis qui nous avaient fait sortir l'un et l'autre de notre milieu modeste. Que je sois sortie de la guerre l'impressionnait. Tout le reste de sa personne était contraire à moi : efficacité, sens pratique, ruse paysanne, désintérêt et méconnaissance des enfants, et surtout apparent mépris à l'égard de sa femme. J'en arrive à moi et à la bague. Sa femme travaillait auprès de lui, clandestinement, bien sûr elle n'était pas une travailleuse émigrée, ce n'était pas du tout leur genre. Non, mais alors qu'elle était sa femme officielle, qu'ils avaient depuis des années convolé en justes noces et que tout le monde le savait, elle était pour tout le monde, et pour lui aussi, Mlle D., et tout le monde, et lui aussi, la vouvoyait. Ils faisaient comme s'ils ne se connaissaient pas le soir, la nuit, les dimanches et jours de fête.

Cette situation toute contraire à l'usage ne pouvait alors bêtement que me déplaire et cependant j'ai choisi de porter la même bague qu'elle, et même plus, de me la faire faire : deux diamants (réchappés de la tourmente, de deux côtés différents de ma famille) qui entourent une pierre de lune (ça porte malheur, mais au moins ça le circonscrit) ; le seul changement que j'y ai apporté avec mon fichu besoin de discrétion est que l'or jaune de la monture copiée est devenu de l'or blanc. Mon oncle joaillier a dit que ça ne se faisait pas, qu'on ne mettait pas des pierres semi-précieuses avec des pierres précieuses (« un saphir, un rubis, oui, je comprends », a-t-il dit), mais je suis restée ferme. Et là encore je reçois avec modestie et assurance les compliments : « Elle est belle, votre bague ! » Et même, comble d'ironie quand on connaît son histoire : « Elle est originale. » C'était faire un peu offense à ce qu'avaient été les bijoux (*brilyant* en yiddish) de la famille qui m'ont sauvé la vie pendant la guerre, mais les objets nous offrent parfois d'extravagantes possibilités de revanche même sur la mort. Ce n'est pas tout, il y a quelques mois, « un homme bien sous tous rapports », sauf pour moi l'essentiel (le cœur, la sensibilité, une part morale), mais un homme sûr lui aussi (celui qui appelle le plombier, gère le compte en banque, ne meurt pas sans laisser un testament !), m'avait attiré (pour les qualités précitées, personne n'est parfait). Il avait aussi jeté un regard très intéressé sur moi. Mais finalement nous ne nous sommes pas intéressés l'un l'autre et il a presque épousé une femme, une autre femme que moi veux-je dire. Eh bien, alors que cela ne m'a « presque rien fait », alors que je dis que le mariage ne m'intéresse pas, j'ai mis pendant des semaines l'anneau tordu et ma bague l'une sur l'autre, comme cette femme portait une vraie alliance en diamants et une bague en diamants aussi. Il fallait bien que je remplace par quelque chose la malheureuse alliance en diamants, signe d'aisance des femmes de la famille ; l'anneau tordu faisait l'affaire. En les mettant ainsi j'assurais ma propre sécurité. Je l'ai remarqué, j'ai souri, je me suis moquée un peu de moi. Et je suis devenue plus tranquille. Et maintenant, calme, je ne reste vêtue que de mon anneau en argent et de ma montre plate sans chiffres. Ils ne me sont nécessaires que dehors. À la maison, par contre, la première chose que je fais en arrivant, c'est de les enlever, ils sont inutiles, je n'ai plus besoin de porter une maison : je suis à la maison.

En racontant cela, j'ai quand même un peu peur de tourner autour de mon cou : Torun faisait de merveilleux colliers ras du cou avec des pierres semi-précieuses. « Bijou » et « nombril » ne suivent pas la même règle grammaticale, la première que j'ai apprise en France et qui me ravit : « Tous les noms en *-ou* prennent un *s* au pluriel sauf "bijou", "chou", "genou", "caillou", "hibou", "joujou", "pou". » J'ai peur quand même de tourner un peu trop autour de ces objets que je me suis fabriqués, achetés, que j'ai trouvés, un peu volés, que je me suis appropriés, et que je veux impérissables et aussi moi avec.

Plantes

Plus je suis seule, plus j'ai de plantes à la maison. Elles me tiennent compagnie, c'est assez doux. Elles se multiplient. Elles envahissent calmement la maison. Elles font partie de moi. Elles me demandent.

Tout à l'heure j'ai été étonnée en recevant une lettre d'une amie après qu'elle est venue à la maison pour la première fois. Elle me disait combien elle avait aimé mes fils et mes plantes, ça continuait par « tu devrais... », c'était en bas de page et en fin de ligne et j'ai tout de suite pensé qu'elle allait continuer par « avoir un jardin », elle qui en a un grand dans lequel elle ne fait rien pousser. Eh non, elle écrivait : « Tu devrais écrire une histoire sur tes plantes. » Cela m'a fait plaisir. Mes histoires sont mon jardin. Ainsi, j'en ai un. Cependant, j'aurais quand même tant aimé avoir un jardin, ou au moins là qu'elle me dise : « Tu devrais avoir un jardin. » Non, les histoires sans doute doivent me suffire.

Plus les plantes ont besoin d'eau, plus je les aime, en fait je crains de n'aimer vraiment que celles qui ont besoin de beaucoup d'eau et qui ont de petites feuilles. Pourquoi les petites feuilles ? Ça, je ne sais pas, ce sont mes images qui correspondent à celles des plantes à petites feuilles et puis c'est quand j'étais petite que j'ai trouvé refuge à la campagne. Pourquoi beaucoup d'eau ? Ça, je sais, parce que je peux beaucoup m'occuper d'elles, les autres, celles qui ont besoin de peu d'eau, jaunissent chez moi car trop arrosées. Les cactées, les plantes dites grasses, ne m'intéressent pas, elles s'élèvent presque seules.

Vive les fougères, les mousses, les capillaires, les frigidaires pleins, les enfants goinfrouilles !

Ce qui est bien aussi avec les plantes qui boivent beaucoup, c'est qu'elles ne supportent aucune négligence. Certaines s'étiolent même après deux ou trois jours d'oubli. Elles vous rappellent à l'ordre et vous montrent que si la terre entière ne vous aime pas, vous, vous ne les avez pas assez aimées, elles : et elles commencent à en mourir.

Mes dispositifs de survie pour les plantes sont nombreux. Les bacs à réserve d'eau ne font que retarder le problème. Les brocs en plastique ou émaillés, les arrosoirs se promènent vides ou pleins dans la maison et me rappellent à l'ordre et me donnent l'envie d'arroser. Cet été, je suis allée jusqu'au tuyau de jardin de quinze mètres avec un dispositif très au point et très compliqué pour le fixer sur tous les robinets. Un monsieur adorable de chez Vilmorin, en blouse grise et qui savait tout, m'a tout expliqué et m'a donné la petite clef universelle pour resserrer les vis. J'ai si bien rangé la clef universelle qu'au moment où j'en ai eu besoin, c'est-à-dire au moment où le dispositif bien monté est tombé du bout du robinet de la cuisine auquel il était fixé dans l'évier, une demi-heure avant que le taxi vienne me chercher pour aller à l'aéroport, je ne l'ai pas retrouvée. Le tuyau est resté par terre, inutilisable tout le mois d'août, et ma voisine puis mon fils aîné qui avaient bien voulu se charger des plantes et de la terrasse ont dû trimballer comme d'habitude les brocs et les arrosoirs.

Comme ils m'aiment bien, les plantes étaient belles à mon retour. J'ai descendu en rentrant le tuyau dans le couloir de la cave : dans ma cave il n'y a plus de place du tout. Mon voisin du rez-de-chaussée, qui, lui, a un petit jardin, n'a pas fini de se demander devant la gardienne qui est la personne de l'immeuble qui a besoin d'un tel tuyau pour arroser sa terrasse. Il ne sait rien de mes plantes. Nous nous bornons à nous dire bonjour et à nous faire des sourires dans le couloir d'entrée. Il a mes clefs.

Les plantes parfois me surprennent, elles le peuvent bien puisque je ne sais rien d'autre d'elles que les arrosages.

Ainsi l'une d'elles, l'année dernière, s'est-elle mise à pousser d'une façon complètement anarchique. Elle a fait une très longue pousse à épines qui a grimpé d'abord en l'air en un long tortillon pour aller ensuite s'accrocher dans la tringle à rideau, s'y enrouler, et redescendre. C'était pour moi très gai. Adolescente, j'achetais *Rustica*, alors que je n'avais ni l'ombre d'un jardin ni même l'ombre d'une terrasse ; le monsieur de chez Vilmorin m'avait conseillé l'achat d'une binette d'appartement : « Un binage égale trois arrosages. » Quelle drôle de tête j'ai faite ! J'ai donc voulu, vu mon amour pour les arrosages, biner, mais le pot de cette plante était en fait tout plein de racines que j'ai blessées. Bien que je me sois aperçue assez rapidement de ma bévue et que je me sois arrêtée, le bout de la pousse s'est fané avant de donner des feuilles. J'ai fait (mon sentiment d'être coupable de tout aidant) une relation immédiate de cause à effet entre binage et « fanage » et j'ai arrêté les binages. Le milieu de la pousse cependant a donné des feuilles qui vivent au plafond et dans la tringle à rideau et me ravissent. Elle s'appelle *asparagus falcatus*.

Alors qu'un jour j'étais au plus noir, j'ai senti une odeur sucrée douce douceâtre presque de vanille à côté de ma table de travail, j'ai cherché d'où elle venait, je me suis approchée de la fenêtre où grimpe l'un des *asparagus falcatus* qui envahissent la maison. J'en ai plusieurs, ils me plaisent, je les achète petits et les fais grandir, ils grandissent bien, parfois certains refusent obstinément. L'*asparagus falcatus* est une plante banale, mais j'en perçois l'exubérance avec ses fines feuilles, ses épines, son côté inattendu à courir partout et à faire d'un seul coup une grande pousse qui me la fait sentir indisciplinée, libre, et qui me convient. Et puis, en l'adoptant, j'ai appris à connaître son nom. Je prends plaisir à les voir pousser, parfois l'un jaunit, perd ses feuilles, je rempote, mets du terreau neuf. Jusque alors ils s'étaient contentés de faire des feuilles, il est vrai que les circonstances de la vie ne m'avaient jamais amenée à être là pendant la transhumance du mois d'août et puis, qui sait ? mon nez était peut-être resté bouché, quoi qu'il en soit, je voyais là pour la première fois toute une soudaine floraison de grappes de toutes petites fleurs blanches qui embaumaient la pièce et mon cœur. Ce plaisir, cet instant de bonheur, était un total paradoxe dans le drame que je vivais. Mon angoisse était là, vide, entière, mais quelque chose d'heureux avait pu exister en même temps, quelque chose qui m'avait été donné même si cela ne m'était pas destiné. La plante avait fleuri dans ma maison et c'est son flot de parfum qui m'avait fait m'approcher d'elle et la voir dans son état de floraison. Cette odeur inconnue, bonne, suave à en être presque écœurante, me traversait alors qu'il m'avait semblé que plus aucun bonheur ne pouvait m'atteindre. Est-ce que cela changeait quelque chose à mon existence ? Oui, puisque j'en ai gardé un souvenir heureux. Et qu'est-ce qui avait permis ce changement-là ? Et ce changement, que deviendra-t-il dans quelques années ? Quelle trace en restera-t-il ?

Maintenant, de temps en temps, je ne m'occupe pas bien d'une plante. Je ne parle pas de celles que je n'aime pas, qui n'ont pas les feuilles qui siéent à mon cœur, qui sont arrivées à la maison malgré moi et qui crèvent rapidement, mystérieusement. Il ne faut surtout pas offrir des plantes à ceux qui les aiment : on peut se tromper, l'amour c'est compliqué. Non, il m'arrive de ne pas bien m'occuper d'une plante que j'ai choisie et qui dépérit, et même meurt parfois, cela se passe toujours dans les premiers temps de son arrivée chez moi avant que je sois vraiment habituée à elle et que je la connaisse. Cela me fait de la peine, maintenant modérément, et je suis contente en même temps de pouvoir me sentir un peu moins responsable et de pouvoir tenir un peu moins à toutes les sortes de vie.

Cet après-midi, en rentrant à la maison, j'ai acheté une mousse sélaginelle toute ronde, petite et douce, que je touche des yeux, de la main parfois même. Elle prend tout un pot, il ne faut pas du tout la mouiller en l'arrosant.

Taches

Alors que je voulais écrire quelque chose sur les taches, est réapparu miraculeusement sur la table de ma chambre un petit livre vert et vert (deux verts différents, alors que je déteste le vert).

Les Taches
ou comment s'en débarrasser

La jeune femme qui travaille à la maison a comme cela pour moi des intuitions simples et étonnantes qui me touchent profondément. Elles lui viennent je ne sais comment. Il est vrai que nous participons à la vie l'une de l'autre depuis près de dix ans. Cela se manifeste de son côté par la préparation de temps en temps de l'exacte nourriture que je peux souhaiter sans que je lui aie rien demandé. Là, aujourd'hui, c'était un petit bouquet de fleurs roses venant du balcon sur la commode de ma chambre au milieu de l'énorme désordre qui y règne et *Les Taches ou comment s'en débarrasser* réapparu miraculeusement sur la table tout aussi désordonnée.

On ne résiste pas au destin, il me faut l'écrire.

Ma fréquentation des taches est ancienne, elle date, autant que je me souvienne, de mon arrivée en France.

Curieusement, au milieu de la phrase précédente, je suis allée voir dans la chambre de mon jeune fils, dans *Le Petit Robert*, comment s'écrivait le mot tache. Bien sûr, je veux parler des taches sur les habits, les nappes, les cahiers, mais les deux mots, avec et sans accent circonflexe, se sont un instant mélangés dans ma tête, d'autant plus que c'était le début de l'époque où je portais encore en moi, entièrement et sans le savoir, le devoir de représenter tant de morts et que la tâche en était trop lourde pour moi.

Quand je suis arrivée en France, à neuf ans et demi (les demis comptent à cet âge-là), je faisais des taches partout. Je faisais des taches sur mes cahiers d'école qui étaient sales. La maîtresse entourait la tache violette (nous avions des encriers en porcelaine blanche dans les tables en bois et la maîtresse y versait de l'encre avec une bouteille à bec en fer) en rouge ou en noir et écrivait dans la marge, en gros, « sale ». C'était plus sale encore qu'avant mais elle, elle avait le droit. Moi, j'avais tout à apprendre, je n'étais encore presque jamais allée à l'école. Je faisais des taches sur mes tabliers à carreaux boutonnés dans le dos. Les tabliers, ça devait quand même être fait pour les taches mais, non, je me faisais gronder quand même.

Je garde cependant en moi la douceur des couleurs bleue, mauve et rose de l'un d'eux, que, étudiante déjà, j'avais rangé précieusement et qui, un jour, a disparu, donné probablement par ma tante à quelqu'un qui en avait besoin. Je faisais des taches sur mes habits, sur mon corsage à smocks que mon oncle aimait tant et qui, lui aussi, a disparu. Il est vrai que je voulais, alors comme aujourd'hui, tout garder. Je faisais des taches sur ma jupe plissée de grosse petite fille un peu difforme qui s'était jetée sur la nourriture en arrivant en France. Une petite fille qui avait été plutôt mal alimentée pendant la guerre et à laquelle – à son intime honte et plaisir – on faisait terminer les plats à table. Ma tante, qui tenait à la propreté, m'attrapait pour les taches comme elle m'attrapait pour la toux : « Ne tousse pas... » J'avais déjà connu ça quand j'étais cachée dans un faubourg de Varsovie, sous un gros édredon et que je n'avais pas le droit de tousser. Elle me disait : « Mets ta serviette » – « serviette », je ne connaissais pas, et même maintenant je ne fais que semblant d'en mettre une quand l'étiquette du moment m'y oblige. Les étiquettes, je préfère celles que l'on colle avec la langue pour mettre son nom sur les cahiers et dont je ne me sers plus du tout non plus. Rien n'y faisait, je continuais à faire des taches, mon oncle aussi – sur ses cravates – il se faisait attraper lui aussi.

Il y avait toujours, dans la maison de ma tante, au moins un produit d'entretien pour enlever les taches. Le seul dont j'ai un peu continué l'emploi est l'Eau écarlate, au nom aussi anodin et plein de rêve, et à l'efficacité quasi nulle.

L'inconvénient des détacheurs, c'est que, une fois la tache partie, il reste une auréole ; tout est dans l'art et la manière de détacher. Avec moi, ça laissait presque toujours une auréole, avec ma tante, jamais. Elle savait comment frotter. Maintenant encore j'ai toujours à la maison une bouteille d'Eau écarlate, mais le plus souvent j'oublie de m'en servir, c'est comme pour les harengs. C'est depuis que j'ai pensé à écrire sur les taches que je suis arrivée à me servir à peu près avec succès d'un détacheur.

En fait, peu à peu, je n'ai plus fait de taches, ou presque plus, je ne sais absolument pas comment et quand c'est arrivé (c'est comme pour l'orthographe : j'avais toujours zéro en dictée, et puis c'est passé). Quelque chose m'en est cependant resté : quand je vois une tache quelque part il faut absolument que je l'enlève, et tout de suite. C'est pour cela que j'ai placé beaucoup d'espoir dans le petit livre vert. J'ai été déçue, ce n'est pas tellement étonnant : il est vrai que je l'ai jamais lu en entier, bien qu'il n'ait que soixante-trois pages, et que le peu que j'en ai lu, je l'ai oublié, et que quand je fais une tache, même à la maison, je ne pense jamais à le consulter, et que si je le voulais, je ne le trouverais pas, sauf quand il est mis sur la commode de ma chambre, juste pour que je commence l'histoire des taches.

Ma caractéristique, donc, avec les taches, c'est qu'il me faut les enlever tout de suite, et vite, et je sais bien que c'est la dernière des choses à faire.

Quand le tissu le veut bien, il y a aussi des tissus magiques que j'adore, la tache part tout de suite et avec n'importe quoi, ce sont des tissus reconnaissables pour qui a eu affaire déjà avec les taches, tout glisse, mais avec les autres tissus il ne faut surtout pas faire ce que je fais. Je frotte, mouille, refrotte, superpose éventuellement le savon (toujours de Marseille, on sait que c'est bon pour les taches) et les produits chimiques, l'eau chaude succède à l'eau froide, je cours à la cuisine et la catastrophe arrive.

Si je m'arrête à l'auréole, la catastrophe est relative : il faut donner le vêtement à nettoyer mais après, à force d'être frotté, il est décoloré. La tache a disparu en même temps que la couleur, ou l'intensité de la couleur, du tissu. Quand il s'agit d'un tissu uni et sombre : noir, bleu, mauve, c'est encore rattrapable en recolorant la partie décolorée avec un feutre indélébile de la même couleur. Il ne faut pas se faire d'illusions, il y a toujours un ton d'écart.

Le cran au-dessus est le trou. Je viens de faire un trou dans le tissu d'un corsage à pois blancs sur fond noir. La tache était rouge sur plusieurs pois blancs (sur le noir cela ne se voyait pas). C'était du jus de cerise, des griottes surgelées yougoslaves, que j'adore (mon Europe de l'Est dans la bouche) et que j'ai bu gloutonnement. Maintenant, un des pois est un trou. Je porte le corsage que j'aime, que j'avais déjà perdu pendant un an au moins dans la maison, avec le trou. Quelle chance ! le trou ne se voit même pas, il est dans un endroit à la fois flou et doublé de noir donc tout va bien. Ce corsage est fait d'un tissu de soie souple et douce comme celui que j'ai toujours imaginé, rêvé, senti, comme celui peut-être des robes de ma mère.

Parfois il y a match nul – mon fils aîné en regarde un en ce moment à la télévision, j'ai même horreur du mot « télé », comme du mot « BHV », souvent les gens qui emploient ces mots me font peur : comme les paysans polonais ivres de mon enfance –, seulement la tache reste, c'est un moindre mal.

Je devrais avoir l'expérience : soit savoir parfaitement enlever les taches, soit savoir attendre, me renseigner (comme pour le chemin sur les autoroutes), regarder le petit livre vert ou, selon la valeur affective attachée au vêtement, le porter chez le teinturier tout de suite (je me souviens du respect que ma tante avait pour la teinturière de la teinturerie lyonnaise rue de Turenne, qui « savait travailler »). Eh bien non, je n'ai fait aucun progrès là-dessus, si ce n'est donc, au mieux, porter l'habit avec la nouvelle tache au nettoyage. Pourtant, je pourrais me permettre de donner tout de suite les taches à nettoyer, comme de faire remplacer la moquette déchirée de la maison. Je pourrais mais je ne le fais pas.

Cet été, à Jérusalem, j'ai aussi décoloré ma seule jupe moderne en jean, celle qui m'amincit. C'était au cours d'hébreu, j'avais laissé un feutre noir ouvert sur mes genoux avec la jupe dessous, quand je me suis aperçue qu'il avait fait une tache sur ma jupe, je suis sortie du cours tout de suite pour essayer de l'enlever dans les cabinets avec de l'eau. J'ai frotté, frotté, la tache est partie et la couleur avec ! Eh bien, je ne me suis pas défaite et, ô victoire sur les taches, sur mon passé, sur ma tante, j'ai allègrement porté la jupe avec la nouvelle tache blanchâtre.

Je vais me coucher, lire peut-être dans la foulée quatre lignes du petit livre vert. Chacun sa bible, à chaque moment, l'autre Bible, la vraie, en cinq volumes, en hébreu avec traduction et commentaires de Rachi (1475-1530), sans taches et sans reproches (j'ai trouvé quand même un petit trou, comme brûlé, dans la dernière page du dernier chapitre, « *Vézot Haberakha* » – « Voici la bénédiction »), je la lis, en ce moment, au moins une fois par semaine, rarement plus, je lis la paracha de la semaine (lecture biblique de la semaine) pour la leçon talmudique à laquelle je vais régulièrement. Mais je faisais déjà bien moins de taches, presque plus du tout, bien avant cette pratique. Alors pourquoi ?

Voyage à Nahariya, ou aller-retour à Nahariya

Je suis allée à Nahariya, c'était pour moi un voyage essentiel. J'allais pour la première fois sur la tombe de ma tante qui m'a sauvée pendant la guerre (tous ceux qui n'ont pas été sauvés pendant la guerre n'ont pas eu de tombe).

Depuis sa mort j'avais eu plusieurs fois la possibilité d'aller à Nahariya, mais je ne l'avais jamais fait. J'en voulais semble-t-il à ma tante de ne pas m'avoir prise avec elle lors de son émigration illégale en Israël et de ne pas m'avoir amenée à Nahariya. Et puis les tombes n'avaient pas de sens pour moi. Les tombes, je ne connaissais pas. Je vais raconter donc mon voyage à Nahariya, les voyages peuvent prendre la place de leur but, c'est pour cela peut-être qu'en français on dit : les voyages forment la jeunesse, il m'a fallu avoir pas mal passé la mienne pour retourner à Nahariya, il m'a fallu treize ans après la mort de ma tante pour retourner à Nahariya. J'ai pris le matin tôt le bus à Jérusalem ; comme j'étais étudiante à l'université, j'ai pris un billet à tarif réduit, ma carte d'étudiante était une vraie vraie carte que le conducteur a considérée comme une fausse vraie carte (vu l'âge de ma figure, d'ailleurs mon fils aîné a fait le même cours bien plus brillamment que moi l'année suivante) et m'a fait payer un supplément.

J'ai traversé les paysages extraordinaires de la vallée du Jourdain, du désert, des lumières si fortes et si transparentes que le temps s'est arrêté pour moi, même si le bus, avec son conducteur qui reprenait tout haut les chants nostalgiques de la radio, continuait à rouler. J'avais envie de parler, et de parler un peu hébreu, mais mon voisin, un militaire déjà âgé, a gardé le silence avec moi, et n'a parlé qu'au conducteur. J'ai mangé quelques prunes croquantes que j'avais emportées. Nous sommes passés par les stations principales (Tahana Merkazit) de belles villes dont je n'ai rien vu. Bien qu'un ami israélien journaliste m'ait expliqué soigneusement le trajet et les changements de bus (je n'avais pas pris la route la plus courte mais la plus belle), comme j'avais vu une pancarte « Akko » (Saint-Jean-d'Acre), ville que je savais proche de Nahariya, j'ai demandé des précisions au chauffeur de bus. Il m'a fait encore payer un supplément, puis il a discuté avec un passager auquel j'avais cédé ma place devant pour qu'il puisse s'asseoir avec sa petite fille, et qui est intervenu pour dire où il fallait me faire descendre. Le bus roulait alors dans les montagnes splendides qui surplombent le lac de Kinneret (Tibériade), puis le chauffeur m'a laissée en rase campagne me disant de prendre de l'autre côté de la route le bus *hamèch méot* (500) et, croyant que je ne comprenais que les chiffres, il a dit à l'homme qui était intervenu : « Elle se promène en bus. » J'ai traversé la route, j'ai attendu dans l'abri, sont arrivés deux militaires qui ne savaient pas si le *hamèch méot* s'arrêtait là. J'ai fini par découvrir une pancarte avec « 500 » écrit dessus. Les militaires sont partis. J'attendais depuis près d'une heure, le bus n'arrivait pas. J'ai bu de l'eau tiède que j'avais emportée froide du frigidaire le matin dans une bouteille de sirop de citron. C'était le milieu de la journée brûlante. J'ai commencé timidement à faire du stop, les voitures ne s'arrêtaient pas, puis finalement une s'est arrêtée. C'était une petite voiture conduite par un homme assez jeune. Il m'a dit qu'il était druze, qu'il avait travaillé dix ans dans la police, il m'a montré sa carte (j'ai appris en rentrant que la veille une femme soldat avait été tuée), il m'a dit que maintenant il travaillait dans la surveillance privée, cela a été difficile à me faire comprendre, puis que si je restais deux jours de plus dans la région, il pourrait me la faire visiter, j'ai répondu que non, que je rentrais le soir même à Jérusalem. Il m'a dit alors qu'il avait sept enfants, je lui ai dit que j'en avais deux, nous avons parlé de ce qu'il fallait pouvoir donner aux enfants. Le « 500 » nous a dépassés, il roulait vers Akko. L'homme m'a déposée à un autre coin de route, où un petit camion déglingué d'un kibboutz, avec des mômes en bottes de caoutchouc riant dedans et me disant qu'ils étaient israéliens, m'a prise et déposée à un arrêt d'un autre bus local qui allait aussi à Akko. Le bus est arrivé rapidement, bondé. Je me suis cependant assise à côté d'un homme jeune (il m'a paru jeune alors qu'il n'avait que deux ans de moins que moi) et qui m'a parlé en français des préoccupations des gens du pays, de sa déception idéologique, en mots simples. Il faisait le même métier que mon père avait fait en Pologne. Il avait l'air calme et bon et il m'a dit que c'était bien trop de voyager dans la même journée de Jérusalem à Nahariya et de Nahariya à Jérusalem et qu'il pouvait m'inviter à dormir chez lui le soir à Haïfa. Auparavant il m'avait dit travailler à Haïfa et habiter à Beit Chéan et rentrer chez lui pour le chabbat. Nous étions dimanche, à l'université nous avions congé le samedi et dimanche. La veille, j'avais parlé avec une femme du cours d'hébreu, elle était dans un cours de niveau supérieur au mien, elle était le maire de Carcassonne, qu'elle avait justement jumelée à Beit Chéan, « ces gens-là ont tant de problèmes », m'avait-elle dit, « le drapeau d'Israël flotte sur les remparts de Carcassonne ». Quand je lui ai demandé pourquoi elle faisait de l'hébreu, elle m'a répondu : « C'est une vieille histoire. » Elle ne savait pas exactement, faire une page d'hébreu lui faisait du bien, elle aurait pu passer le mois d'août dans un hôtel quatre étoiles – moi aussi, trois peut-être – « peut-être parce que son père pendant la guerre avait caché des juifs », m'a-t-elle dit. Gentiment, j'ai refusé l'invitation de l'homme brun. Nous n'avons plus parlé. Je suis descendue à Akko et il a continué. Là, par hasard j'ai vu le bus 271, celui dont j'avais noté le numéro comme allant au kibboutz Lohamei Haghetaot (Les combattants des ghettos) au stand des éditions de ce kibboutz au congrès des Études juives qui se tenait à l'université de Jérusalem, quinze jours auparavant, et devant lequel par hasard aussi j'étais passée en sortant de l'hôtel de l'université. Je n'avais pas acheté tout de suite les livres que je voulais et après, le dernier jour bien sûr, ceux que je voulais étaient repartis ; dans le périple qui cette année enfin était le mien (le même qui m'a menée à Nahariya, à Yad Vashem), et au professeur Israël Gutman (historien ayant lui-même vécu dans le ghetto de Varsovie), j'avais eu l'intention d'aller à ce kibboutz afin d'y acheter finalement les livres (ils avaient bien une librairie à Tel Aviv, mais Tel Aviv m'effraie) et de voir l'exposition – en fait c'était pour rencontrer les gens. J'avais donc à leur stand noté le numéro du bus pour aller à Lohamei Haghetaot sur un papier et le papier je l'avais sur moi, je pouvais même vérifier. J'ai pris le second 271, le premier était un direct pour Nahariya et ne s'arrêtait pas au kibboutz. J'ai demandé ensuite à un homme de soixante ans environ, en short kaki avec chemisette, les ongles des pieds gros d'une mycose, une serviette quelconque à la main, de me montrer l'arrêt du kibboutz. Il m'a dit qu'il y descendait. Je le savais bien. Quand nous sommes descendus j'ai essayé de parler avec lui et de lui dire même que j'avais été aussi au ghetto enfant. Il s'est contenté de me dire que, oui, il était membre du kibboutz et il m'a montré le chemin du musée. Au musée, la jeune fille qui tenait la librairie – l'entrée était libre, les dons acceptés – m'a dit qu'elle fermait à trois heures et demie si je voulais acheter des livres.

J'ai parcouru le musée. J'ai eu le cœur serré par un groupe de très jeunes soldats, le crâne presque rasé, pour lesquels une jeune femme commentait les images de mort de la guerre : ils pouvaient aussi être concernés bientôt. J'ai acheté tous les livres en anglais que j'ai trouvés.

Je suis allée boire un jus de pamplemousse et manger un feuilleté au fromage (dont je n'arrive pas à me rappeler le nom) à la cafétéria à côté du musée. Il faisait soif ; « les grandes bouteilles de jus de pamplemousse sont que pour nos soldats », m'a dit la femme un peu grosse, briquée à force d'être propre, avec un rouge à lèvres rouge qui me faisait penser à ma tante de Nahariya, qui avait tenu jadis un « kiosque » dans une autre ville. Les soldats, de l'âge de mes fils, les mêmes que ceux du musée, buvaient du Coca et mangeaient des gâteaux énormes avec plein de crème dessus. Leur camp était en face : des baraques en bois entourées de fils barbelés.

J'ai été reprendre le bus pour Nahariya en me pressant un peu de crainte que le cimetière soit fermé ou le gardien parti (je n'avais pas le numéro de la tombe). À l'arrêt du bus, j'ai retrouvé la jeune fille qui gardait le musée et la librairie. « Non, elle n'était pas du kibboutz », elle était salariée : au kibboutz personne ne voulait faire ce travail-là. Elle habitait Nahariya. À Nahariya, j'ai pris un taxi pour aller au cimetière, le deuxième seulement a accepté de mettre le compteur.

C'était très près, très beau, au bord de la mer.

Le gardien m'a laissée pour être le dixième pour un *minyane* (pour faire les prières collectives il faut qu'il y ait un *minyane* : dix hommes) sur une tombe, les gens parlaient en hongrois.

Je suis allée ramasser des cailloux au bord de la mer. Entre le cimetière et la mer il y avait des ordures. Je craignais que le gardien ne trouve pas la tombe, je ne connaissais ni l'année de la mort de ma tante ni sa date de naissance. Il l'a trouvée, m'a emmenée, c'était la deuxième rangée juste au bord de la mer. Il a voulu faire la prière. J'ai pensé que c'était pour de l'argent, et puis j'ai pensé qu'il fallait faire ce qu'il fallait faire et il a chanté la prière, cela m'a émue. Je suis restée ensuite seule près de la tombe, j'y ai mis les cailloux, il y en avait d'autres, je ne sais pas de qui ils venaient. Je suis allée donner de l'argent au gardien. Je suis partie du cimetière et j'ai marché vers la plage, un camion United Nation m'a dépassée, dedans des Asiatiques. À la plage, je me suis baignée, c'était délicieux. Une femme jeune un peu grosse, les cheveux décolorés, courait après son petit garçon, j'ai parlé au petit garçon, puis à la mère. Elle était professeur d'hébreu, agrégée, et habitait très près de chez moi en banlieue parisienne. Elle s'appelait Jeannette N. Je lui ai parlé de mes problèmes de grammaire en hébreu – en français aussi –, elle m'a dit : « Je pourrais bien vous aider. » Nous avons échangé nos adresses et des sourires, j'attends après les fêtes pour lui téléphoner. J'ai repris un *shérout* (taxi collectif) au lieu du bus pour aller à Haïfa pour rentrer plus vite à Jérusalem. Une femme entre deux âges, très soignée, un peu trop à mon goût, a fait changer de place un jeune homme qui était devant parce qu'elle allait se sentir mal, le jeune homme a changé en disant qu'il voulait déjà que l'on parte. Un arrêt plus loin une femme jeune, décolletée, avec un enfant, s'est battue avec un homme qui portait une kippa (calotte) parce qu'elle voulait rentrer dans le taxi alors que ce n'était pas son tour. Elle insultait l'homme, criant qu'il était honteux de battre une femme en portant une kippa, lui était violent. Un soldat les a séparés. Elle est montée dans le taxi avec son enfant et une amie et a continué d'insulter l'homme. Le taxi est reparti sans avoir fait le plein de passagers. Il nous a tous déposés au milieu de la ville alors que je lui avais bien précisé en payant pour la Tahana Merkazit, c'était semble-t-il son terminus habituel. J'ai pris un autre bus, c'était loin, le jour finissait. À la station principale, il fallait attendre trois quarts d'heure le bus direct pour Jérusalem et puis je n'avais plus envie de prendre les taxis collectifs, un militaire à galons de quarante-cinq ans m'a dit en français qu'il valait mieux prendre les bus parce qu'ils étaient climatisés. J'ai attendu et me suis trompée de queue, quand je m'en suis aperçue, j'ai enjambé la barrière, le chauffeur m'a demandé pourquoi, je lui ai dit que je ne comprenais pas très bien, il m'a laissée entrer. Dans le bus, j'ai voulu me mettre devant et à droite à côté d'un vieux monsieur. Le vieux monsieur a dit que la place était occupée, je me suis assise toujours devant mais à gauche. Il s'est avéré que le vieux monsieur était très confus et qu'il attendait un ami imaginaire auquel il réservait la place. Une jeune femme, elle, s'est assise malgré l'interdiction, le vieux monsieur était furieux, le bus est parti. Il faisait nuit. La jeune femme a retrouvé une camarade dans le bus qui est venue parler avec elle debout. Le vieux monsieur était de plus en plus furieux. Le chauffeur leur a dit d'aller s'asseoir derrière puisqu'il y avait des places. Le vieux monsieur s'est endormi. Est venu à la place de la fille un jeune homme qui a commencé à parler au chauffeur. Le chauffeur se retournait tout en conduisant pour lui répondre. Au bout d'une demi-heure un homme est arrivé du fond du bus en disant qu'à force de parler le chauffeur s'était trompé de route, que lui, il connaissait bien la route que devait prendre ce bus parce qu'il le prenait chaque semaine à la même heure le dimanche. Il a dit qu'il était interdit de parler au chauffeur, que c'était marqué, et que lui, il leur interdisait de parler. Ils se sont tus et un peu plus tard ils ont repris de plus belle. Le vieux monsieur continuait à dormir. L'homme du fond du bus est revenu encore plus furieux disant qu'il prendrait le numéro du chauffeur et le signalerait à la compagnie s'ils disaient encore un mot. Ils se sont tus de nouveau. Nous sommes arrivés à Jérusalem. Tout le monde est descendu. Le jeune homme qui s'était tu s'est mis à poursuivre l'homme du bus en lui disant qu'il n'était même pas capable de faire la réclamation, qu'il la fasse, cette réclamation, donc, et tout de suite, même (les bureaux étaient fermés, il était dix heures du soir). Puis j'ai attendu le bus pour l'université une demi-heure. Il y avait peu de monde. Je me suis assise devant, toujours pour voir, même si c'était la nuit, le chauffeur s'est retourné et m'a dit, à peine gêné : « Je suis nouveau (*hadach*), est-ce que tu peux m'indiquer le trajet ? » Je lui ai dit que je prenais souvent ce bus mais que j'étais étrangère et que je ne connaissais pas bien la route, un homme s'est approché et lui a montré la direction, puis l'homme est descendu. Là, j'étais déjà sûre du chemin, nous étions proches de l'université, j'allais bientôt descendre et je lui ai montré le souterrain qu'il fallait qu'il prenne pour arriver à son terminus et faire demi-tour. Un peu avant moi est descendue une jeune femme américaine avec un petit garçon roux et frêle. Ce petit garçon avait dormi tout le long du trajet la tête sur les genoux de sa mère ; debout, il n'arrivait pas encore à se réveiller. Il m'a fait tellement penser à mes fils enfants (l'un roux et l'autre frêle) que j'ai dû me retenir pour ne pas l'embrasser ou au moins lui caresser le bras. J'ai dit à la jeune femme américaine que son enfant me faisait tellement penser à mon fils (je n'ai pas osé dire à mes fils). Elle m'a dit : « Oui, il y a quelques années, une petite fille m'a tellement fait penser à ma petite sœur quand elle avait deux ans et demi. » J'ai encore regardé le petit garçon et une bouffée de bonheur m'a enveloppée. Deux jours plus tard, alors que je quittais l'université et Jérusalem pour l'aéroport de Lod et Paris, du taxi, j'ai revu le petit garçon roux accroché à la main de sa mère.

Jérusalem-Paris, 1985

Le bon Dieu sur le périphérique ou la bonne morale

Le bon Dieu n'est pas toujours avec moi et je ne comprends pas toujours pourquoi – il est vrai que je ne crois toujours pas en lui. Cela ne date ni d'hier ni d'aujourd'hui. Aujourd'hui, enfin, hier, j'ai eu un accident sur le périphérique, je n'avais rien fait de mal. Un automobiliste est rentré dans l'arrière de ma voiture alors que moi je ne suis pas rentrée dans l'arrière de celui qui me précédait. Pendant que je me frottais le cou, qui me faisait mal, il a pris la fuite.

Ce sont de petites choses un cou qui fait mal, une voiture cassée, le bon Dieu a bien d'autres chats à fouetter. Il y a même eu un temps proche où il a laissé fouetter beaucoup d'humains aussi et bien plus, même. Il est vrai qu'en ce temps-là, il m'a épargnée avec l'aide des grandes personnes qui ont voulu à tout prix sauver la petite fille que j'étais. Il est vrai aussi qu'il y a deux jours seulement, beaucoup de gens au Mexique lors d'un tremblement de terre n'ont pas été épargnés, eux. Sans y croire, j'ai continué à m'intéresser à lui, et même qu'hier, sur le périphérique, j'allais à lui, ou du moins à un cours qui parlait de lui.

Certains pensent que les petites (et grandes) épreuves ne sont faites pour consolider ni les cous, ni les voitures, mais la foi, la morale, la droiture, même si le cou en sort un peu tordu. Cela n'a pas été trop grave, grâce à Dieu !

La voiture a été remorquée et moi, je suis allée voir M. H., ostéopathe, mon gourou du moment (pardonnez-moi, mon Dieu...) en douleurs et traumatismes physiques.

J'allais donc, contente, tranquillement, ayant un peu travaillé, un peu fait le marché (sûr que c'était chabbat et donc que c'est un péché, et que les petits péchés font les grands torrents et qu'il n'est en principe pas permis d'accommoder Dieu à ma sauce), au commentaire talmudique d'Emmanuel Levinas, un autre gourou, d'un autre groupe, un homme qui m'apparaissait comme juste et bon et instruit. Je me sens bien à l'endroit où il parle, j'y vois des gens familiers, j'apprends des choses, je pense un peu, je fais partie, là, d'un groupe, d'une communauté. J'allais donc à lui, gauchement, par l'intermédiaire d'Emmanuel Levinas et de la Bible.

C'était important juste avant le jour de Kippour, et la paracha de la semaine (le texte biblique à lire et à commenter chaque semaine) était sur la mort de Moïse ; eh bien, il (le bon Dieu) n'en a pas tenu compte et moi, je n'ai rien entendu là-dessus même s'il était question de : « Où va la voix ? »

Ou bien j'ai un compte chez lui, et il considère qu'il est déjà bien assez lourd, que mon ardoise est pleine, et il regarde plutôt celle des autres pour être plus dans la justice (même celle du fuyard d'hier peut-être). Ou bien il n'y a ni ardoise ni justice et la chose que l'on risque en buvant de trop est une banale maladie du foie – pas de la foi – et rien de plus. C'est un peu difficile quand même à admettre.

En fait, je suis faite de telle façon (de même que quelques autres humains) que même si je ne crois pas en lui et en sa justice (bien obligée et pas seulement depuis hier sur le périphérique) ni en sa clémence (le mot « miséricorde » ne passe pas ma plume, à moins d'une parenthèse), je m'y intéresse soi-disant intellectuellement.

À travers ce que j'ai appris du judaïsme, cela me plaît et j'y reviens (comme à la montre de mon père) à mon heure, il faut être droit pour soi-même (cou tordu ou pas) et pour rien d'autre, ne rien attendre, être seulement en accord avec soi.

Lui et moi, nous serions d'accord sur la façon dont je devrais être. Mais lui, il s'en ficherait complètement, de la façon dont les autres devraient être avec moi. Donc, la façon d'agir des autres avec moi ne devrait pas du tout m'ébranler dans ma façon d'être avec eux, les autres. Et même si un mal est fait, une injustice se présente contre moi, cela doit me conforter dans le fait d'être bien (« être responsable de l'autre entre autres ») sans rien en attendre, juste pour moi.

C'est la grandeur du judaïsme, la sucette, le bon point : rien pour nous ; pour nous c'est toujours l'étoile jaune (et pas dans le ciel, pas l'étoile du Berger, mais sur la poitrine), et on la met soi-même et on doit être digne et on continue. Parfois, c'est quand même un peu dur de croire à sa propre morale, à la priorité de sa propre existence devant l'injustice humaine ou divine, c'est une fierté comme une autre qui peut tenir lieu de terre. Mais que faire, sortir son revolver, je préfère ne pas en avoir, c'est ma force à force d'en avoir trop vu et entendu de ne pas en vouloir un à moi. Alors, quelle arme ?

Ma force, c'est peut-être un aveu de faiblesse, c'est l'estime que j'essaie de trouver à l'égard de mes prochains, et non seulement à l'égard de quelques-uns de mes prochains, et avec l'absence de haine, en plus. Quel programme ! C'est une morale de faible. Je préfère être l'offensée que l'offenseur. Je ne ferai rien pour être l'offensée, je ferai même tout, presque trop, pour ne pas l'être, mais si cela arrive, je ne sortirai pas mon revolver, je sortirai mes mots (sans jeu de mots larmoyant). Pour moi, les mots sont plus forts que les revolvers. Je n'aimerais pas être l'homme (ou la femme) qui s'est enfui hier parce que peut-être j'aurais pu avoir besoin de son aide, de son réconfort, de l'argent de son assurance, même s'il ne sait rien de moi. Je ne veux pas lui en vouloir, même si je n'y arrive pas tout à fait, fort heureusement peut-être.

J'aurais pu être lui aussi, je regrette pour lui qu'il n'ait pu être un homme, une femme plus digne. (Ça fait un peu pompier ; les flics gentils et impuissants sont venus). Cette façon de voir, de sentir, n'est pas pure bonté d'âme. C'en est un essai, sans doute. C'est aussi pour moi sans que je m'en rende compte le plus souvent une façon de me rattraper devant une injustice. Il n'est pas bon de garder le goût du fiel trop longtemps (j'ai sur le moment, bien sûr, quand même traité l'automobiliste inconnu de salaud). Mais si le goût amer reste trop longtemps dans la bouche, dans le cœur, qu'en faire ? Et s'il envahit tout ? Mieux vaut après un moment s'en défaire, le neutraliser, même si c'est en le transformant en quelque chose d'autre comme en bonnes pensées, en bonne morale par exemple.

Ma tante, pas celle de Nahariya, celle de Paris, m'a appris à très bien séparer, en cassant les œufs, les blancs des jaunes. C'est très important pour certaines préparations comme les œufs en neige car s'il reste un peu de jaune dans les blancs, les blancs ne montent pas. Ainsi, grâce à elle, au cours d'enseignement ménager du cours complémentaire de la rue de Sévigné, j'étais imbattable en la matière et je séparais les blancs des jaunes pour toutes les filles, maintenant je sais toujours faire ça très bien. Cela sert surtout en pâtisserie, mais pas seulement. Ma tante m'a appris aussi, surtout d'ailleurs en en parlant, à faire très attention en vidant un poulet à ce que la vésicule biliaire ne soit pas percée, « à cause du fiel », disait-elle, et pour les carpes aussi, toute la chair risquant d'être gâchée par l'ouverture de la poche si le fiel, la bile, s'en échappe. Maintenant, j'achète les poulets vidés, et la carpe, quand il m'arrive de la faire une ou deux fois par an pour les fêtes, je vais l'acheter rue des Rosiers (comme les harengs) dans la toute petite poissonnerie à la femme aux lunettes très épaisses qui vide et coupe en tranches les carpes après les avoir tuées d'un coup sur la tête. Alors que j'en voulais aussi à ma tante de Paris comme à la terre entière – un peu à juste titre mais qu'en faire ? –, il est sûr que je lui suis reconnaissante de m'avoir inculqué quelques principes de base de cuisine : la propreté, tenir quoi qu'il en soit la responsabilité prise à l'égard de l'autre, ne pas tout mélanger, ne pas tout laisser envahir par l'amertume.

Je continuerai d'aller aux leçons talmudiques d'Emmanuel Levinas, mais je ne prendrai plus le périphérique pendant un certain temps. Je n'ai pas assez confiance ; en qui ?

Fenêtres

C'est après avoir écrit l'histoire des harengs que je n'ai plus eu besoin de l'échelle pour calfeutrer chaque soir la fenêtre et pour y accrocher le double rideau. C'était l'été. La relation ne paraît pas évidente. Chacun sait, ou presque, comment les harengs grimpent aux arbres peints en plusieurs couleurs afin de ne pas se faire reconnaître tout de suite. Chez moi jusqu'à il y a peu de jours encore, ils grimpaient aussi aux fenêtres. Ils ? Qui ? Les harengs ? Moi, une autre ? Ce qui m'embête, quand je raconte des histoires, c'est que les sujets se répètent, peut-être est-ce parce que les histoires partent de plusieurs points semblables où les harengs rencontrent des doubles rideaux en riant sous cape.

C'est en essayant de raconter des histoires que je me suis rendu compte combien est restreinte ma quincaillerie personnelle, mon bric-à-brac à moi : quelques objets (bien trop pour un appartement), quelques images, quelques idées, quelques sentiments, quelques personnes qui s'entrecroisent et se méconnaissent. Cependant mon histoire avec les fenêtres est sérieuse, à ce sérieux je ne voudrais que faire allusion. C'est le ghetto de Varsovie qui brûle, les maisons rouges de flammes tombent, des gens sautent par les fenêtres, torches vivantes perdues dans les airs. Je suis une petite fille qui voit tout cela hors des murs. Les adultes m'ont fait sortir, avant tout il fallait sauver l'enfant. Mes parents sont restés, eux, je peux les croire encore là-bas alors que je vois l'immense brasier. Des années après, quand j'étais heureuse un moment, me venaient des phrases comme « Je veux partir », « Je veux m'en aller », « Je veux sauter par la fenêtre ». J'ai mis des années pour relier l'un à l'autre et les fenêtres apparemment se sont calmées en moi.

Mais rien ne disparaît vraiment, et de vraies fenêtres se sont rappelées à moi. J'habite un vieil appartement, le vent y souffle, et je n'arrive pas à y faire faire quelques travaux que ce soient, ni même à faire coudre des doubles rideaux. L'été, c'est agréable, l'aération y est naturelle. L'hiver, il y fait froid (d'autant que la chaudière est défectueuse et que j'ai perdu le devis que j'étais arrivée à demander pour la remplacer l'année dernière). Dès le printemps, par contre, le jour me réveille très tôt. « Jour », mot admirable. Quand j'ai acheté une échelle légère en aluminium, en réclame à Inno, la situation s'est quand même améliorée.

Au mois de mai, après avoir mis deux anneaux en bois (venant de ma réserve de mercerie en tout genre) au grand couvre-lit marron qui depuis des années restait plié, j'ai pu chaque soir grâce à l'échelle accrocher ce montage aux piquets de la tringle à rideaux de la fenêtre, et j'ai pu ainsi dormir au-delà du lever du jour.

L'avantage a été bien plus grand en hiver. Au lieu d'avoir tout à fait froid, chaque soir je grimpais sur l'échelle (le même modèle toutes saisons) et à l'aide d'un couteau de cuisine pointu je bouchais les interstices avec du coton hydrophile, c'est assez efficace. Le matin ou un matin sur deux (il faut bien aérer pour l'hygiène), des morceaux de coton volaient dans la cour quand j'ouvrais la fenêtre, quelles que soient les précautions prises lors de cette opération. La gardienne de l'immeuble, qui m'aide aussi à la maison, m'avait dit en riant, nous avons nos complicités, que des locataires lui avaient demandé : « Mais d'où vient ce coton ? » Elle leur avait bien sûr répondu en ayant l'air de s'étonner avec eux qu'elle n'en savait rien. Là où cela devenait quand même irritant, c'était le samedi et le dimanche, où, comme je restais à la maison dans la journée aussi, le dimanche en tout cas, il fallait remettre discrètement les cotons le matin, après avoir bien sûr déplié l'échelle (légère). J'avoue que ces pratiques m'étaient devenues à la longue fastidieuses. Finalement un ami ébéniste, compagnon du Tour de France, qui fait maintenant autre chose, mais qui était dans des difficultés financières avec lui-même et dans la gentillesse avec moi, a bien voulu se charger de la réparation des fenêtres et en particulier de celle de ma chambre (que ce soit avec ou sans argent toute réparation ne peut être envisagée pour moi que dans un circuit de connaissance confiante : la maison croule). C'est efficace lors de froids moyens : en plus de la réparation minutieuse de la fenêtre, il a posé un joint, mais le polyester n'est pas un matériau noble et ne s'apprend pas au compagnonnage, surtout à son époque, et le joint est mal posé, le bois à la longue a un peu joué (au contraire des humains et des chiens qui à la longue jouent plutôt moins). J'ai espéré quand même ne plus avoir à monter chaque soir à l'échelle pour assurer la continuité (on fait comme on peut quand on ne s'appelle pas Jacob, que l'on est une femme sans mari et que l'on n'a que deux fils jeunes encore, plutôt intellectuels et artistes que bricoleurs).

Cependant, quand les beaux jours sont revenus, la question de mes réveils matinaux s'est de nouveau posée et j'ai repris l'échelle (en aluminium) jusqu'au jour où j'ai acheté à Aligre (sorte de marché aux puces et aux légumes et fruits dans Paris, que j'ai beaucoup fréquenté et où je me suis monté un passé – comme on se monte un ménage) des doubles rideaux d'occasion roses de la pire espèce, mais dont la taille a miraculeusement correspondu à celle de la fenêtre de ma chambre. Ils restèrent un an pliés en tas puis je les ai fait nettoyer. Il fallait une tringle pour les accrocher, les tringles à rideaux ne marchent jamais longtemps à la maison, elles font même partie de ce qui marche le moins (avec les roulettes des pieds de la télévision pour passer d'une chambre à l'autre sur la moquette déchirée), les cordons se coincent, cassent et je n'ai jamais rien compris (ni essayé de comprendre) à la façon dont on les remonte. Je suis allée au Bazar de l'Hôtel de Ville, je déteste acheter des tringles à rideaux. Spontanément, je déteste ou presque les gens qui disent « BHV » (ou « Samar »), je m'en veux d'étiqueter ainsi, mais c'est pour moi un autre monde, qui me fait peur. Des gens sûrs d'eux, de leur droit, de leur bêtise (j'ai la mienne, quant à mes droits, j'en doute, même celui de vivre). Ils disent avoir de petits moyens et je les ressens comme ayant de grands moyens éventuels d'extermination. Terrible montage dans ma tête à partir d'une abréviation. C'est là que le SS revient. La puissance du persécuteur consiste à ce que le persécuté le reste, quitte à être ridicule d'un ridicule qui ne tue même pas, quitte à se saisir de tous les cordons de rideau, à serrer ceux de la bourse, des tringles, des abréviations en tout genre pour s'assurer au moins de la continuité de sa vie, pour que quelque chose de ce temps-là – celui de la persécution – ne soit pas mort, qu'il reste présent dans la liberté retrouvée. Et puis, le camouflage des fenêtres, ça devait nous connaître alors.

J'ai acheté des tringles en bois avec de gros anneaux qui se posent juste sur les pitons déjà fixés dans le mur, avec tous les accessoires inutiles qui allaient avec. Il ne m'a fallu qu'un ou deux mois pour les poser ! Je peux, quand c'est possible, dormir un peu plus tard en été et avoir un peu moins froid en hiver, quelle victoire !

Victoire depuis les histoires que je me racontais quand j'étais toute petite, juste avant la guerre, en regardant la tringle à rideaux de la haute fenêtre de ma chambre d'enfant, sur laquelle vivait pour moi tout un monde magique de personnages extraordinaires, d'animaux, d'arbres, de fleurs, de prés, de chambres, de châteaux de prince, qu'aucune tringle à rideaux ne me fait plus jamais retrouver. Je me suis rendu compte cependant dernièrement que j'avais reconstitué le monde imaginaire de la tringle à rideaux de mon enfance sur une planchette qui recouvre le radiateur de mon bureau avec des carreaux faits à l'école maternelle par mes fils et sur lesquels vit tout un bric-à-brac : petites tortues de couleurs différentes et qui bougent la tête trouvées au musée du quai Branly, animaux en terre cuite à gros points, ours miniatures plutôt en métal, minuscules poupées, nains pas beaux du tout vivent là et étonnent parfois.

Ce qui m'émeut le plus dans les fenêtres, ce sont celles qui, face à face, se correspondant, traversent une maison de part en part, alors d'un seul coup m'arrive le dérisoire de toute cette construction, de toutes les maisons des hommes faites pour enserrer l'air, le vide. Là, dans ces fenêtres qui traversent tous les murs, cela se voit, c'est beau, dérisoire, et plein d'espoir aussi. Bien sûr, les murs en verre ne produisent pas le même effet, il faut l'alternance de l'opaque et du transparent et la rencontre du transparent avec le transparent. Il faut que les fenêtres soient dosées justement, comme le sel dans la simple soupe. En écrivant cette histoire, j'ai compris pourquoi j'avais mis dans mon bureau une carte postale, qui n'apparaît qu'à mon regard et qui est cachée à celui des autres, la reproduction d'une peinture d'un artiste tout à fait inconnu de moi, J.-P. Pincemin (pince-moi, pince-toi), qui représente juste une fenêtre fermée sur un ciel presque bleu. Je vis. Les fenêtres ont joué. C'est par la fenêtre de la pièce où je restais enfermée et couchée toute la journée que je guettais le retour toujours incertain de mes parents. Dans ma chambre, je garde tout le matériel ; échelle, petit couteau pointu, coton, j'en remets de temps en temps. Pour cette année en tout cas, il n'est pas question de les calfeutrer. Il faut que les fenêtres vivent, elles aussi.

Harengs.
Post-scriptum ou suite chronologique

Après avoir écrit l'histoire des harengs, je l'ai donnée à lire à quelques amies (celles qui pouvaient aimer soit l'histoire, soit les harengs, ou encore m'aimer) et à mes enfants.

À Jérusalem, où je l'ai écrite :

Une amie non juive est allée, m'a-t-elle dit, après la lecture s'acheter des harengs à Méa Shéarim – cent portes –, le quartier très orthodoxe de la ville.

À Paris, suite, premier temps :

L'une a trouvé l'histoire très bien, m'a dit avoir ri, elle est censée être ma meilleure amie.

La deuxième m'a dit l'avoir fait lire à une amie à elle qui a réagi tout de suite : « Mais ce n'est pas possible ! – elles sont sud-américaines – Allons acheter du hareng, mais pas ceux emballés dans du plastique, des vrais. »

La troisième, qui travaille au CNRS, a demandé à l'une de ses collègues qui habite rue des Hospitalières-

Saint-Gervais près de la rue des Rosiers de lui acheter un pot de harengs roses danois de chez Klapisch. Bien sûr, le CNRS ne peut pas être proche de la rue des Rosiers mais un certain nombre de pères et de mères d'actuels chercheurs (passage d'un besoin de connaissance et d'étude mystique à un besoin de connaissance et de recherche laïc ; guerres, et transplantations et messianisme aidant) habitaient dans le coin quand ils sont arrivés en France il y a trente, quarante, soixante ans, ou venaient au moins y acheter du hareng. Les enfants peuvent garder l'une ou l'autre des habitudes, d'autant que le quartier est devenu chic, et les racines à la mode ; ils sont *the second generation after the Holocaust*, « la seconde génération après l'Holocauste ». Cette même amie a proposé mon histoire à la revue *Les Temps modernes*, qui l'a d'abord refusée – pas étonnant, les harengs, ce n'est pas sa spécialité et puis c'est de l'histoire plutôt ancienne, il faudrait que je la propose aux *Annales* ou chez « Budé », édition bilingue (chacun ses mythes ou ses harengs) –, puis acceptée, où est la cohérence ?

Suite, deuxième temps :

J'ai pu refaire et ne pas jeter et même manger le hareng mariné.

Au bout de quelque temps, mon fils aîné a goûté chez l'une de mes amies sépharades du hareng à l'huile (filets de harengs fumés, oignons, carottes, huile) que je ne faisais jamais parce que ma tante en faisait toujours pour mon oncle et que je n'en aimais ni l'odeur ni le goût, c'était trop tardif.

Puis il a goûté le nouveau hareng mariné non jeté et l'a aimé aussi : « Ça y est maintenant j'aime le hareng », a-t-il dit, soulagé et content.

Puis je l'ai donné à lire à une quatrième amie (comme je l'ai dit, les harengs, c'est plutôt une affaire de femmes – même si je dois me rappeler que ce sont les hommes qui le pêchent, mais malheureusement pour moi le péché n'est pas mon fort –, mes affaires avec les femmes vont toujours mieux que mes affaires avec les hommes, c'est peut-être parce que j'aime préparer les harengs, à moins que ce ne soit une affaire de péchés). Cette amie, qui est « la bonté même », me fait toujours des cadeaux, ainsi, après avoir lu l'histoire des harengs elle m'a apporté un paquet de harengs fumés au bois de hêtre (être hareng ou ne pas être). Je venais aussi d'en acheter un paquet, exactement le même, la même marque (je soupçonne que le hêtre nous a touchées toutes les deux) pour la première fois, pour les faire à l'huile et aux oignons pour mon fils aîné après qu'il a aimé ceux de l'amie sépharade.

Mon fils, le plus jeune, dit, lui, que jamais il n'aimera le hareng – il ne supporte pas l'odeur comme il ne supporte pas l'odeur du fromage – par contre, il aime le théâtre, moi aussi. Il veut être comédien, moi, je n'ai jamais osé (un grand-oncle, frère de ma grand-mère maternelle, aimé, admiré de tous, était un acteur du théâtre juif, il a joué dans le monde entier – ou presque – et surtout à New York et en Russie tous les grands rôles shakespeariens et a écrit en yiddish un livre sur Shakespeare, après la guerre, il m'a envoyé une splendide poupée à Paris, après il est mort, je ne l'ai jamais connu – autre généalogie que celle du hareng). Mon plus jeune fils est très roux, j'ai toujours voulu l'être, cela vient du côté de son père, c'est très beau. Et voilà que j'ai suivi mes amies sépharades inconnues, et henné aidant je suis devenue presque rousse comme lui – j'ai osé –, il m'a permis ainsi une autre généalogie que celle du hareng.

Conclusion du deuxième temps :

Tout rentre dans l'ordre, si je n'ai plus de travail, je pourrais proposer pour leur promotion mes services au syndicat des marchandes de harengs s'il y en a un, à moins que je ne me fasse, pour être un peu plus heureuse encore, marchande de harengs.

Enfin une cinquième amie (il faut quand même que je me rassure un peu devant de tardives œuvres immortelles et que je les fasse lire au moins à qui je connais), celle qui m'a emmenée manger du hareng au fast-food de luxe, m'a envoyé, après un grand bout de temps, deux pages d'un journal féminin de recettes de harengs et un court texte à la gloire du hareng. Au téléphone, précédant l'envoi, elle m'avait dit : « Le tien est bien mieux. » Dans l'enveloppe était épinglé un petit morceau de papier vert avec dessus :

« Si j'avais une fille, je l'appellerais Richarda » – c'est mon prénom officiel.

Suite, troisième temps :

Quand j'ai été complètement désespérée je n'ai plus mangé que du hareng. J'avais pourtant pris, juste à ce moment-là, d'une façon décontractée, sur le bureau d'une amie (il n'y a pas d'hommes dans les suites chronologiques, le hareng les a largement surpassés) *Le Suicide. Mode d'emploi* (livre de conseils judicieux que je n'avais jamais acheté par principe d'autant que l'auteur ne s'est lui jamais suicidé), elle venait de le confisquer à un jeune.

« Tu me le rendras.

– Oui. »

Je l'ai caché derrière d'autres livres dans l'une de mes bibliothèques, je me suis gardée de l'ouvrir et j'ai continué à ne manger que du hareng.

Le goût du hareng a pris le dessus, ce qui n'a arrangé en rien la finesse de ma silhouette, ni le goût que j'ai de celle-ci, ni le goût de moi-même, juste un peu le goût de la vie (*tam*, en yiddish, intraduisible). Ou « comment on passe d'un goût à l'autre ». Une fois de plus j'ai survécu. Le hareng me fait prendre, il faut que je l'avoue, un certain plaisir un peu déplacé, et une paire de kilos.

Mes affaires : Ça va bien, merci, mais *business is business and business is not life* (les affaires sont les affaires et les affaires ne sont pas la vie – encore que les affaires aillent bien). Par contre, grâce à elles (aux affaires), je peux acheter tous les harengs que je veux et ça, ça m'aide quand même un peu. En effet, dans le temps, c'était une nourriture de pauvres : « un morceau de hareng et un morceau de pain » (du yiddish – que je connais mal – mais le hareng bien), maintenant c'est une nourriture d'anciens pauvres. Les anciens pauvres deviendraient-ils les nouveaux riches grâce à leur goût pour le hareng ? De toute façon, anciens pauvres ou nouveaux riches, autour de l'argent, quand on est juif, on risque d'être mal vu. La seule possibilité peut-être de rédemption sur cette question en 1985 est de devenir « nouveau pauvre » bien vu – vu qu'il est encore bien vêtu –, et le hareng, qu'est-ce qu'il devient là-dedans ? Il risque de se perdre aussi. Le hareng des tonneaux et des boîtes russes revient en effet plus cher que le saumon fumé, avec le travail de nettoyage et l'odeur en plus. Quand on a été pauvre, on le reste toujours un peu, ainsi, je soupçonne que ma préférence pour les harengs gras à éplucher ne soit pas qu'une question de goût (c'est le seul des harengs qu'on ne peut acheter tout prêt), mais soit aussi une question d'effort nécessaire pour l'obtenir avec autre chose que de l'argent : un plaisir dans la vie. Quel plaisir ! Et puis aussi il faut savoir le faire avec tout ce que cela représente de retrouvailles : on n'achète pas cela avec de l'argent. En ce moment donc, où les œufs sous toutes leurs formes ne me tiennent plus lieu de nourriture de base et de douceur (mais c'est une autre histoire,

« L'histoire d'œuf »), je me nourris de harengs aussi. On garde sa continuité comme on peut.

J'en ai dans le frigidaire cinq sortes :

– marinés, faits par moi et de nouveau réussis après la première histoire ;

– à l'huile, carottes et oignons pour mon fils aîné et que j'ai même fini par goûter moi aussi ;

– harengs gras épluchés (gros travail d'épluchage) précieux, « 17,50 francs la pièce comme toujours » ;

– harengs roses à la cerise danois de chez Klapisch ;

– un pot de harengs marinés du commerce un peu trop acides auquel je n'ai pas eu l'énergie de rajouter un peu de sucre et carottes et oignons coupés en rondelles, et d'enlever de la marinade pour la remplacer par un peu d'eau, et que j'adoucis quand même avec un peu de Fjord tourné (façon scandinave de se rapprocher du kéfir polonais).

Vous les connaissez tous, trop peut-être même. Je pourrais tout recommencer. Non je ne le ferai pas, moi aussi, encore une fois j'en ai assez. Arriverais-je cependant après le post-scriptum à être dégoûtée des harengs ? Ce serait un échec ou une réussite – un échec de quoi ? une réussite de quoi ? Je trouve que c'est quand même fou qu'en essayant avec force d'apprendre, de comprendre, de changer, je n'apprenne rien ; au moins avec les recettes (dont celles des harengs), il n'y aurait rien à apprendre, à comprendre, à changer. Le monde pourrait rester à sa juste place et je peux me consoler de cette continuité salée qui n'est même pas une mer.

Est-ce que la vie vaut quand même la peine d'être vécue pour du hareng ? Et le reste ?

Dans deux jours, dimanche, je n'ai pas de temps avant, j'irai rue des Rosiers me réapprovisionner en harengs roses à la cerise et en harengs gras, c'est ceux que je préfère en ce moment. Je ne supporterais pas de ne pas en avoir à la maison. Et en même temps, à la librairie juive juste à côté de l'épicerie des harengs dans la saumure, j'achèterai le gros livre du colloque de 1982 de l'École pratique des hautes études, publié en novembre 1985, par Le Seuil et Gallimard : *L'Allemagne nazie et le Génocide juif*.

Ruban rose

Alors que je montais un peu essoufflée dans l'autobus 215 par ce jour de grève des taxis pour aller à Orly, et que je ne m'étais embarrassée que d'un sac de voyage, d'un chariot à roulettes de marque Caddie pour le transporter et d'un grand sac à main, un père de famille algérien ne s'y étant pas trompé (de métèque à métèque faut être poli, de père à mère faut se faire aider par les enfants) a fait lever sa grosse petite fille de onze ou douze ans pour me laisser la place.

C'était la première fois que cela m'arrivait, je n'ai pas été du tout vexée, ni gênée par mes années visibles. Je me suis assise, contente de pouvoir me reposer.

J'étais enfin partie. Partie avec seulement un sac de voyage un peu troué et non pas une grosse valise pour deux jours, maintenant que j'étais déjà assez assimilée pour cela. Le Caddie gâchait tout et j'étais quand même repérable même si personne ne pouvait savoir qu'il y avait un œuf dur, deux mandarines et quelques petites pommes au fond de mon sac.

Les départs sont pour moi terribles. Pendant des années, je ne me suis rendu compte de rien, même pas que deux jours avant un départ, surtout celui des enfants (à raison de deux enfants, et de quatre départs par an environ, décalés souvent d'un ou deux jours, cela faisait par an huit fois au moins), je devenais épuisée, finie, morte presque, puis sur le quai de la gare, le train parti, c'était terminé.

Maintenant que je le sais, cela reste tout à fait pareil, et cela a même gagné mes départs à moi. Je ne sais pas comment cela serait si je partais avec les enfants. Comme je suis une mère moderne, qu'ils sont grands, et que nous n'avons pas de maison de campagne, maintenant nous partons rarement ensemble (explication insuffisante, mais partiellement vraie). Les départs sont devenus presque un gag entre les enfants et moi. Ils savent que je deviens absolument insupportable. Les bras me manquent par moments comme s'ils allaient tomber. Tout m'irrite. Je ne sais plus si j'existe. Je voudrais mourir. Aujourd'hui même, ô progrès ! j'ai pleuré dans la cuisine.

Mon fils aîné m'a téléphoné deux fois, c'était aussi pour récupérer la voiture. Il m'a calmée comme il a pu. J'ai amené tremblante, ayant peur de me perdre dans une rue droite, la rue de Tolbiac, la voiture à l'arrêt du 125, où il m'attendait. Puis avant que je ne monte dans le bus, j'ai failli me faire écraser. C'est le chauffeur qui me l'a dit : « Moi, ce que je vous dis, je préfère que ce soit vous que moi. » (Ce n'était pas pour moi non plus cette fois-ci.) Je ne m'étais aperçue de rien.

J'ai demandé au père de famille algérien s'ils allaient loin, voulant prendre la grosse petite fille sur mes genoux. Le père m'a répondu : « Elle est jeune, elle peut rester debout. » (Comme quoi, c'est sur ma figure et non pas sur mes bagages qu'il m'avait fait céder la place, on s'aide soi-même comme on peut en se racontant des histoires, c'est ce que je fais.) Je me suis dit « Voilà comment on fait travailler, comment on traite les enfants » au lieu de dire, par exemple, « Oui je suis tellement plus vieille qu'elle ».

Elle avait de grands pieds déjà, larges, dans des chaussures plates bon marché. Elle avait un élastique dans les cheveux. Comme la mère qui était assise de l'autre côté de l'allée ne disait rien alors que la petite se tenait à la barre verticale, je n'ai pas osé proposer de la prendre sur mes genoux, pourtant j'aurais bien aimé même si elle devait être un peu lourde.

L'une de ses sœurs un peu plus jeune avait un ruban rose dans les cheveux. J'ai repensé aux rubans que ma tante me mettait dans les cheveux quand j'étais une grosse petite fille à nattes et que je venais d'arriver en France. Je me suis dit, grâce à cette famille, juste à ce moment-là, que les rubans tressés dans mes nattes avaient pu être des gestes de tendresse de ma tante, même si moi, à cette époque-là, je détestais tous les rubans, roses, unis ou écossais. Pour qu'ils ne soient pas chiffonnés le lendemain matin, ma tante m'avait appris à les enrouler autour d'un montant du lit, puis, quand j'ai eu un « cosy » (bibliothèque et niches pour les lampes entourant un lit à une place de l'après-guerre et d'après les Américains), autour d'un barreau de chaise. Mais au réveil, ils tire-bouchonnaient, et j'avais l'air d'un paquet cadeau, il fallait les lisser, les tirer dans l'autre sens.

Le ruban rose de la petite fille n'était pas bien repassé.

La jeune femme avait quatre enfants : trois filles et un garçon.

La troisième petite fille était appuyée sur les genoux du père. Elle avait des yeux de braise dont le brillant, l'intensité, la profondeur, l'interrogation me faisaient me reconnaître aussi dans ce regard d'enfant étranger qui veut tout connaître, tout comprendre plus, mieux encore que les parents.

Le dernier, un petit garçon, était sur les genoux du père ; trois ou quatre ans, étalé, luisant, souriant, heureux, il n'était concerné que par l'amour dont il était entouré, il y baignait. En descendant, j'ai pour la deuxième fois vivement remercié la petite fille.

Le père m'a souhaité bon voyage. La mère n'avait pas dit un mot.

Quand j'allais monter dans la salle d'embarquement toute la famille était là, ils n'étaient cependant pas descendus au même arrêt de bus que moi. Ils attendaient qui ? Une grand-mère, un jeune oncle ?

Moi, je partais seule, déjà, petite, j'étais partie seule. Malgré leur bloc, malgré le visage épanoui du petit garçon, le visage clair du père, le nœud rose de la fillette, je ne les sentais pas en sécurité : trop « gentils » pour être tranquilles, trop ensemble. J'avais envie de leur dire que j'étais des leurs, tous les six, qu'ils avaient de beaux enfants, que je les aimais bien. Mais c'était ridicule, ce sont des choses qui ne se disent pas, et puis je savais bien que c'était un besoin de fraternité, de paix, une nostalgie qui embellissait tout.

Je savais aussi pour avoir été une grosse petite fille que voyager debout dans un autobus, ce n'est pas agréable, que l'on aime bien être assise quand même et aussi qu'il faut être « polie ».

Dans l'avion, il y a eu une alerte à la bombe (le mot alerte ne me revenait pas, j'avais laissé un blanc, jusqu'à ce que j'écrive plus loin le mot « nourriture », qui a ramené le mot alerte – une guerre de restes, non un reste de guerre). Nous avons très vite atterri à Perpignan. Les gens ont plaisanté d'abord, histoire de calmer leur peur, puis ils ont parlé ensemble, moi aussi. Puis, au lieu de continuer à parler, moi qui étais seule et qui savais bien que c'était le moment ou jamais de lier connaissance, je me suis mise à écrire cette histoire, j'ai même choisi une place au restaurant fermé de l'aéroport de manière à avoir une table pour moi toute seule.

Un monsieur s'est approché de moi pour me demander si je voulais boire quelque chose, j'ai hésité un instant : « Oui, un jus d'orange, merci. » Il faut dire qu'avant, et ce sera l'une de mes nombreuses parenthèses sur la nourriture, je lui avais donné la plus grosse de mes petites pommes et une mandarine (après avoir mangé le plus discrètement possible mon œuf dur de réserve). Toujours et encore la guerre, mais aussi les voyages seule avec les enfants petits, et aussi les quarante ans dans le désert du peuple juif (on ne sait jamais) ont fait que je ne pars jamais même pour un Paris-Barcelone en avion, comme ce jour, une heure quarante, en principe, pour deux jours, sans emporter un peu de nourriture.

J'ai parlé avec le monsieur pendant trois heures, il faisait collection d'anciens programmes de cinéma du temps du muet, il écrivait aussi. Me voir écrire ainsi dans un aéroport, lors d'une alerte à la bombe, l'avait étonné. Si je ne voyage plus avec une grosse valise, si, après des années d'efforts, j'arrive même à ne plus rien mettre dans la soute à bagages, j'ai quand même un Caddie, un œuf dur, deux mandarines et quelques petites pommes sur moi. Je serai toujours une « débarquée », peut-être, oui, c'est pour cela que j'ai souri à la famille algérienne et aussi parce que le père avait dit à la petite fille de me céder sa place.

Nourritures

Maintenant, je peux être tranquille, aujourd'hui, j'ai appris que mon besoin de nourrir tout le monde me vient de Sarah. Sarah, vous savez, la femme d'Abraham, celle qui a enfanté un fils, Isaac, à quatre-vingt-quinze ans. Comme les miracles n'ont lieu qu'une fois, même dans la religion juive, que de plus j'ai une certaine difficulté à y croire, cela ne m'arrivera pas, à moi. Il ne faut pas que je compte là-dessus, c'est bien, je resterai avec mes deux fils, pas plus. Il ne faut pas non plus que j'exagère quand même, Sarah, elle, à quatre-vingt-quinze ans, n'avait pas d'enfant du tout, alors que moi, à un âge bien moins avancé mais déjà quelque peu juste pour cette activité, du moins pour le commun des mortels – le masculin prime dans la langue française et apparemment ailleurs aussi –, Abraham, lui, avait cent ans ! J'en ai deux, d'enfants, et sans intervention divine évidente. Mais si cela lui est arrivé à elle, à moi, il pourrait bien m'arriver autre chose après tout : un amour partagé par exemple, durable (même si tardif, ils étaient mariés depuis belle lurette, eux), doux ; mais décidément, j'ai du mal à croire aux miracles. Ce n'est pas pour cela que j'écris aujourd'hui, mais cela ne fait pas de mal d'émettre des vœux en passant quand il est question de grandes choses. Aujourd'hui, j'écris parce que j'ai compris grâce à Sarah et à Rachi (le grand commentateur de la Bible, qui a vécu en France, à Troyes – 1475-1530 – et ne figure pas dans *Le Petit Larousse illustré*), j'ai compris donc pourquoi j'ai besoin de nourrir, mes fils, bien sûr, mais aussi ceux des autres.

À première vue et pendant longtemps j'ai cru que c'était à cause des privations de la guerre. « On sait jamais », « Ça peut toujours recommencer », « Quand on a vécu ça, on n'oublie pas »... Eh bien non pas du tout, ce ne sont que des interprétations à court terme, comme les prêts, que j'exècre, et la survie en ce temps-là (de guerre). Je pourrais aussi penser, rien qu'en remontant un peu plus en arrière, que ma mère était très malade quand je suis née, qu'elle n'a pas pu m'allaiter, que j'ai manqué de seins maternels, alors il faut que je stocke (comme les stocks américains de l'après-guerre, encore !) et que je puisse nourrir tout le monde. Non, ce n'est pas encore ça, Melanie Klein et Sigmund Freud (psychanalystes connus, femme et homme) sont passés en surface par là.

Plus loin encore, la famine de la guerre de 1914-1918, lors de la petite enfance de ma mère et le grand revers de fortune de mon grand-père. La sœur bien-aimée de mon grand-père, lequel l'empêchait d'épouser l'homme qu'elle aimait, parce que pas assez religieux bien que juif, est partie pour l'Argentine un vendredi en fin d'après-midi avec son amoureux et la caisse du Monopole polonais des spiritueux (vodka et autres alcools) pour la région de Varsovie, dont mon grand-père avait la concession depuis 1893. L'histoire a montré que les concessions en tout genre, dont les tombales en premier lieu, et les verbales tout aussi bien, ne présentaient aucune garantie de sécurité pour les juifs de Pologne (là, il est vrai, c'était un cas particulier et contraire). Ce fut le drame, le déshonneur, il fallait rembourser, la nourriture devint rare et précieuse, et plus tard ma mère, petite fille, baignait là-dedans comme ma plume dans l'encre. Mais alors qu'elle ne m'avait pas passé le microbe de sa typhoïde lors de ma naissance, elle m'aurait passé celui de la nourriture ? Ça ne va pas, c'est bien trop aléatoire, comment me l'aurait-elle passé ce microbe, et par où ? et pourquoi ? Non, je ne peux m'arrêter à cette idée que ma mère m'aurait transmis quelque chose de bon, certes, mais aussi de si contraignant.

Bien que mon nom (c'est un vrai vrai nom) puisse faire croire, même à un Polonais averti, à une noblesse ancienne et non pas à une juiverie ordinaire, parce que les papiers, les villages, les villes et les gens ont brûlé, ont été détruits de toutes les façons pendant que les animaux, eux, essayaient de se sauver en hurlant, que les avions remplissaient les ciels et lâchaient leurs bombes, ma généalogie personnelle s'arrête là pour le moment.

Je n'ai même pas eu pendant des années d'acte de naissance, mais un acte de notoriété (laquelle ? c'est peut-être pour ça que j'écris) jusqu'à ce que l'État français, soucieux de l'égalité de ses ressortissants (même les nouveaux !) ait créé pour ceux qui n'en avaient pas un service spécial d'actes de naissance à Nantes (pour lutter contre la révocation et faire aimer les Pays de la Loire, ou pour la décentralisation de ceux qui, partis de leur pays, courent alors le risque de se prendre pour le centre du monde, ayant perdu le leur).

Sarah est venue à mon aide pour tout me faire comprendre... (alors là, comme par hasard, et malgré les photocopies, j'ai perdu la page essentielle et je dois la reconstituer, comme ma généalogie).

Quand elle a attendu Isaac, à quatre-vingt-quinze ans, la pauvre, comme diraient mes amies sépharades qui se sacrifient quand même moins que nous autres ashkénazes, personne n'a voulu croire à sa maternité à venir, elle non plus d'ailleurs, dans un premier temps, c'est même pour cela que l'on dit qu'elle est morte avant Abraham, elle est morte d'avoir douté. Puis elle a ri, de bonheur sans doute, mais aussi (et Rachi insiste là-dessus à travers la racine du verbe) en se moquant de ce qui lui arrivait (l'humour juif va jusqu'à l'Annonciation, il y a miracle, certes, mais il y a quand même une femme et un homme de chair, même s'ils ont quatre-vingt-quinze ans et cent ans, notre réalité nous a toujours collé au corps, et ça, bien avant l'étoile), c'est pour cela que l'enfant a été appelé Isaac, ce qui veut dire : « Il rira ». Tout cela n'a pas été suffisant pour que les gens croient à la maternité de Sarah, alors, elle a convié les princesses et elle a allaité son fils devant elles. Puis, comme ses seins étaient encore pleins de lait (tout comme mon frigidaire, surtout depuis que mes fils ne rentrent plus tous les soirs à la maison, donc n'y prennent même pas toujours leur petit-déjeuner, et que je ne m'y suis toujours pas fait), elle a allaité tous les enfants des princesses. Il faut croire que les mères des enfants pauvres n'avaient pas besoin, elles, de démonstration ou avaient assez de lait elles-mêmes pour leurs enfants. La religion juive montre au premier degré des hiérarchies difficiles à admettre, mais les commentateurs, eux, et j'en ai pris un petit peu de la graine, s'en tirent toujours bien dans le sens de l'égalité. Dans le peuple juif, la démocratie semble quand même aussi être davantage venue du peuple que du pouvoir suprême. Les princesses ont ainsi reconnu sa maternité et il est dit qu'elle a nourri toute la descendance d'Israël (le commentateur reste discret sur la manière dont la descendance de la plèbe entre aussi par Sarah dans la descendance d'Israël). Enfin, pour être reconnue comme une mère juive, il faut prouver que l'on est capable de nourrir son enfant et ceux des autres. Moi, modestement, je me reconnais complètement là et je dis que si j'aime (et si j'en ai besoin même) nourrir mes fils et ceux des autres, c'est pour rester dans la lignée de Sarah ; de Sarah et aussi de Rivka, dont je porte le nom si doux en yiddish (dans les différentes langues, ensuite, il ne m'est resté qu'un R) d'après une jeune sœur – aimée et morte avant ma naissance – de ma grand-mère maternelle. De cette lignée nourricière, mes tantes Gutka et Lola – ma mère de lait – avaient restaurant et *pensjonat* bien avant la guerre. Lola, elle, avait même monté un restaurant au ghetto, non, c'était une soupe populaire pour tous tant qu'il y a eu de quoi. Rivka, celle de la Bible, a fait mieux encore, si on peut le dire sans blasphémer, elle a donné à boire aux chameaux, de l'eau bien sûr (d'où la rareté des ivrognes chez les juifs !). Quand Rivka a vu Eliezer, l'homme qu'Abraham a envoyé pour trouver une femme pour son fils Isaac, elle lui a donné à boire, mais elle ne s'est pas contentée de lui donner à boire, elle a donné à boire à tous ses chameaux : « Parce qu'ils ne pouvaient pas demander. » C'est à cela qu'Eliezer l'a reconnue comme étant, elle aussi, de la lignée d'Abraham, et celle qui devait devenir la femme d'Isaac, et mon cher maître Emmanuel Levinas*, qui ne me connaît pas, lui,

* Cinq ans après, depuis que je l'ai vu humilier un jeune homme en public, ce qui pour moi est rédhibitoire, il n'est plus mon cher maître, mais je lui suis reconnaissante de ce qu'il m'a fait entendre ; et puis aussi je ne peux plus avoir de cher maître et le regrette peut-être. Cinq ans, dix ans après, je ne le regrette pas.

dit alors : « C'est à ce moment que l'eau est advenue : l'eau est advenue quand une femme a donné à boire à ceux qui ne pouvaient pas demander. » Et il ajoute, admirez la phrase si on la sort de son contexte comme un titre du *Monde* : « Le judaïsme, c'est donner à boire aux chameaux. »

Voilà. Mon besoin, et celui de toutes les femmes juives, de nourrir vient d'elles, de Sarah et de Rifka et de la reconnaissance. Être reconnue comme mère, comme fiancée juive. La femme, c'est sans doute l'homme qui la reconnaît, c'est tellement plus difficile parce que seulement humain. Et puis, comme il n'y a pas de chameaux à Paris, et que l'allaitement maternel ne dure pas toute la vie, cela prend des formes particulières : il faut que cela déborde pour qu'il y ait tout ce qu'il faut, toujours, si une bande de chameaux... de gens arrivaient, qu'il y ait tout ce qu'il faut pour ceux qui non seulement ne demandent pas, mais qui ne viennent pas.

Ainsi tous les destins sont déjoués, et seul reste celui d'une suite généalogique biblique. Si à quatre-vingt-quinze ans j'ai une fille, je l'appellerai Sarah, c'est sûr. Avant, il faudra que je rencontre un homme droit, sûr, respectueux (même s'il fait un enfant à une servante sur ma demande, comme Abraham, Ismaël), aimant (ça ce n'est pas tellement dit, ça doit être le passage à la « modernité ») et avec lequel j'aurai vécu toute ma vie et qui ait cent ans. En attendant, je remplis le frigidaire et le congélateur. Les retours des courses sont folkloriques, finissant maintenant par des parties de rire. Je calcule toujours un peu juste la place dans le congélateur : ainsi, il me faut enlever, remettre, pousser, bourrer. Je peste, je jure, je me moque de moi quand j'arrive enfin à caser la dernière boîte de jus d'orange (de Jaffa), alors, la porte du congélateur ne se referme plus ou bien se referme mais s'ouvre et reste entrouverte chaque fois que je ferme la porte du réfrigérateur qui est en dessous (marque Kelvinator, le même que celui d'une amie perdue), ce qui n'est pas indiqué pour les congélateurs. Le réfrigérateur, lui, réagit mieux à la fermeture des portes, mais les problèmes se posent quand on veut y retrouver quelque chose tellement il est plein et n'importe comment, c'est sa façon à lui de résister au gavage. Les choses y restent souvent, faute d'y être retrouvées, et je jette. Maintenant, je peux jeter et je jette de plus en plus (avec honte), mais toujours modérément. Je dois être presque la dernière femme de la région parisienne à avoir trouvé une marchande au marché qui prenait le vieux pain pour ses poulets. Mais elle a disparu, elle aussi, et je jette maintenant le vieux pain. Comme je ne veux pas imposer aux enfants de manger le pain rassis (moi, mes kilos ne me permettent pas de l'écouler complètement) et que je ne veux quand même pas en jeter trop, j'en achète qui sèche moins vite et qui coûte bien plus cher... À quoi tient l'économie domestique ! La mienne est complètement nulle, pas seulement domestique d'ailleurs, mais l'économie en tout genre. Elle pèche par tous les excès et tous les défauts, elle est en dehors de toute logique et j'ai bien trop honte pour en parler ! Et dire que je me réclame de Sarah ! Heureusement qu'elle aussi s'est au moins une fois trompée, et vis-à-vis de Dieu. Même si elle a eu Isaac malgré tout, il semble qu'elle n'ait pas été pardonnée, je ne sais pas pourquoi, peut-être n'a-t-elle pas pris suffisamment conscience de sa faute tant cette naissance était extraordinaire pour elle ? En tout cas, c'est bien parce qu'elle a douté du miracle de Dieu qu'Abraham l'a enterrée, c'est-à-dire qu'elle est morte avant lui. Bien sûr, Dieu savait ce qu'il faisait, il connaissait l'amour des femmes pour leurs enfants, il n'a rien demandé à Sarah une fois que l'enfant est né. Comme je n'ai pas d'Abraham, que mon projet de vie apparent ne va pas jusqu'à quatre-vingt-quinze ans et que, de plus, je ne sais pas ce qui peut arriver, cela n'a pas d'importance pour moi de savoir quand je mourrai, d'autant que j'aurais déjà pu mourir bien plus d'une fois enfant (voir « Valises ») et que d'une manière, très différente de Sarah, je serais aux yeux de certains un miracle. Oui, mais alors, qui a produit la catastrophe ? Le puits reste encore profond, et il y a de l'eau au fond.

Valises

D'une année à l'autre, de Jérusalem à Alonissos, île grecque des Sporades du Nord, et de Varsovie à Paris en passant par Minholtz, camp de personnes déplacées, Autriche, 1946.

1973 : visite « touristique » à Auschwitz, Pologne. Les archives des hommes n'ont pas été détruites : mon père, Nathan Poloniecki, est là ; de celles des femmes, il ne reste rien : ma mère, Roma Orfus. Tas de valises.

De Paris à ailleurs. Ma tête, ou tête mal faite comme une valise mal faite, ou de la différence au moins d'une culture avec celle de Montaigne et sa tête bien faite. « Penser ailleurs », oui, mais les déplacements ne sont pas du même ordre quand on a une maison et surtout les personnes pas de même qualité – se considérer de bonne qualité, je n'irai pas me comparer à Montaigne. Le ridicule tue, après tout, ce serait une façon de mourir. Mais les humains sont-ils égaux ? Où ? Quand ? Comment ? Jamais.

Tant qu'il y aura de la vie, il y aura des valises, Alderney, îles Anglo-Normandes – bagages Lark (New York-Tokyo-Paris), séchoir à cheveux oublié, acheté à l'aéroport de Jersey, *made in Hong Kong*. Libre circulation des marchandises et des personnes. Enfin. Amour.

Jérusalem, 1985, l'année où j'ai écrit « Les harengs ».

Dans ma valise pour aller à Jérusalem, je n'ai oublié que des chaussettes. Bien sûr, des chaussettes, ce n'est pas indispensable à Jérusalem au mois d'août. De toute façon, pour Méa Shéarim, le quartier orthodoxe, des chaussettes ne suffisent pas pour être « une fille d'Israël », il faut des bas opaques, et puis la question n'est pas là. Ce que je ne supporte pas, c'est qu'il manque quelque chose dans ma valise ; s'il est possible de le racheter, ça va encore. Mais il se trouve qu'à Jérusalem les chaussettes ne sont pas apparentes dans les vitrines, les talits (aujourd'hui débrouillez-vous avec le sens, demandez, cherchez dans les dictionnaires, moi je dois bien m'arranger avec les valises alors...), les vrais et faux bijoux anciens et yéménites, les *mezouzoth* (comme pour les talits, singulier *mezouza*), les chaussures d'été en été. Les sodas, oui, mais les chaussettes, non. J'ai mis, quant à moi, dix jours pour en trouver. En fait, je n'avais besoin de chaussettes que pour sortir de la ville comme les Hébreux pour sortir du désert (moi, je n'y allais qu'en excursion).

Ma valise pour aller à Jérusalem comportait tout ce qu'il fallait, j'énumère un peu, patience :

— une résistance pour faire chauffer de l'eau avec un verre et une boîte de plastique jaune, alors que la température ambiante est déjà torride et que les Hébreux (les mêmes) ont pu, eux, sortir du désert (question de résistance) et faire cuire leur pain (azyme) au soleil, que les petits-déjeuners israéliens sont somptueux (adjectif emphatique pour la cause reproduisant l'air du temps parisien, et qui ne devrait être employé là que pour qualifier au féminin la lumière, oui, somptueuse, du ciel de la vieille ville, qui m'arrive par la fenêtre de ma chambre et qui ne cesse de m'émerveiller et de m'émouvoir), qu'il y a un frigidaire (encore) dans cette chambre et que tout ce qu'on peut souhaiter, c'est de l'eau fraîche ;

— toutes mes robes d'été sophistiquées que j'achète et n'ai jamais l'occasion de porter, rêver une autre vie brillante donc bête, comme pour s'assurer que celle-ci est terne mais intelligente ;

— un fer à repasser de voyage (pour les robes précédentes), pas utilisé lui non plus, assez lourd parce qu'ayant plus de dix ans d'âge ;

— un sèche-cheveux acheté à Montréal, un peu cassé, et trois prises intermédiaires adaptables à celles qui pourraient être nécessaires aux prises murales israéliennes, alors que le soleil sèche ici les cheveux en dix minutes ;

– chaussures : deux paires de chaussures à chaussettes (mais pas de chaussettes), dont une paire d'Adidas, qui change épisodiquement ma vie (je ne la porte que dans certains moments de liberté) et que j'ai découverte quand les pieds de mes fils ont dépassé le 37,5, c'est-à-dire tardivement, d'autant que moi-même j'ai enfanté un peu tardivement, peut-être bien aussi à cause des valises, c'est-à-dire de mes incertitudes dans la vie ;

– deux paires de chaussures à talons hauts, jamais mises, comme les robes ;

– deux paires à talons plats, presque neuves mais épuisées chez le chausseur (comme moi mais encore un peu moins neuves – à quand chaussure à mon pied ?), de même couleur et cependant différentes, à ménager (la recherche de la permanence des objets adéquats quand les personnes, elles, ont fait défaut. Aucune paire de sandales à Jérusalem au mois d'août – cinq à six paires à Paris dans le placard !) ;

– une paire de tongs géniales, blanches en plastique, toujours les mêmes depuis quinze ans (pas de plage à Jérusalem) ;

– le reste : habits à l'avenant ;

– couture, *idem* : de tout, et de toutes les couleurs ;

— quant aux livres, j'ai été cette année raisonnable : six ou sept alors que je suis dans une université qui a l'une des plus belles bibliothèques du monde et que nous bénéficions même dans une de ses annexes d'un prêt à domicile, c'est-à-dire dans les chambres ;

— quelques pilules diverses, peu ;

— des boules Quies : toujours ;

— des enveloppes « par avion » (assez pour écrire un jour sur deux à chacun de mes deux fils et aussi à quelques autres, jusqu'à cent vingt ans – traduction directe du yiddish) ;

— du papier blanc, assez pour écrire un livre ; il y a bien sûr une librairie dans l'université, le papier n'y manque pas bien que les arbres soient très précieux en Israël, mais il vaut mieux avoir toujours tout sur soi.

J'arrête là cet aperçu de mes valises et vous prie de bien vouloir m'excuser d'avoir été aussi ennuyeuse, et ce n'est pas fini, mais comment pourrais-je autrement vous communiquer combien c'est embêtant pour moi de faire une valise (ou d'en être une, mal faite) ?

Rien à déclarer : 1942, Varsovie – Umschlagplatz (place de triage). Ma mère et moi, à droite, nous revenons chez nous, l'officier allemand l'a regardée, et lui a dit : « Tu es une belle femme. » À gauche, les trains, les gens, sans valises cette fois.

Les valises ne sont qu'un pâle reflet des séparations où le monde entier, mon monde, peut être remis en question pour toujours. Quarante-huit heures avant, chaque fois : « *I am exhausted* », je suis épuisée, comme disent les Américains, les gens qui parlent une autre langue que celle, pour moi, de la guerre. Les bras me pèsent, je ne pense plus, je n'existe plus tout à fait. Je suis d'une humeur de chien. Maintenant les enfants et moi, nous reconnaissons ce moment, j'essaie d'en rire avec eux, mais je ne veux pas vous en parler aujourd'hui davantage, c'est trop triste ; les valises, c'est déjà bien assez.

Les valises ont donc envahi ma vie. D'abord j'ai mis, vraiment, au sens propre du terme, deux jours pour faire celle dont je viens de vous parler (en fait une valise et un sac pour faire moins gros). Ensuite, j'en ai plein à la maison, des valises, sur le haut de toutes les armoires et de tous les placards jusqu'au plafond, de toutes les tailles et de tous les âges : cela me permet de garder tout ce que je garde, c'est-à-dire tout, avec les passages des valises aux armoires et des armoires aux valises aux changements de saison. Je me croyais seule de mon espèce avec mes histoires de valises, présomptueuse que je suis, mais cela m'a fait du bien tout de même quand, dernièrement, un ami lointain issu d'un village de Pologne proche de ma ville natale, m'a dit qu'il s'était aperçu à plus de cinquante ans qu'il n'arrêtait pas de s'acheter des valises, qu'il en avait plein la maison et qu'il en avait pris son parti.

Alonissos, été 1986.

J'ai un peu moins de choses dans mes valises : pas de fer à repasser, pas de sèche-cheveux, pas de chaussures à talons hauts, deux pantalons identiques, moi qui n'en porte jamais (pour quoi faire, pour en avoir un s'il arrive quelque chose à l'autre ?), mais le volume reste mystérieusement le même et le poids me handicaperait si je voulais me déplacer facilement. Alors que les personnes déplacées font tout pour se déplacer le moins possible. Et là encore, comme lorsque je prépare tellement à manger, et que je m'aperçois combien ma tête est faite comme une valise mal faite. Un instant j'ai envie de pleurer, d'arrêter les frais : de voyage, de valise, de vie. De vie ? Je pense alors à toutes ces vies arrêtées que je transporte, que je nourris, et je préfère rire, si j'y arrive, encore un peu, de mes valises.

Un jour, dans un avion, une femme m'a fait des confidences, cela arrive dans les avions. C'était une femme très estimable à mes yeux, qui s'était beaucoup bagarrée pour faire de sa vie ce qu'elle avait voulu en faire, elle n'y était pas tout à fait arrivée puisqu'elle faisait des confidences, comme moi ici. Elle savait par contre parfaitement faire les valises. Elle m'avait proposé, alors que je n'avais presque rien dit de mes problèmes de valises, de nous revoir et de m'apprendre à faire une valise. Elle, elle savait très bien. Elle était française et avait une maison, même une maison de couture. Elle m'a donné son adresse, chaleureusement. Je ne l'ai jamais rappelée. Voudrais-je continuer à ne pas savoir faire les valises ? Pourquoi ?

Alderney, îles Anglo-Normandes, hiver 1986-1987. Même histoire ou presque, avec quelques variantes : j'ai sorti mes bagages chics offerts par ma copine de New York et son mari *businessman*, c'est-à-dire une valise, un sac avec une fermeture Éclair magique en bas qui une fois ouverte rend le sac plus grand, un autre sac pour les livres et mes écrits en cours (pas de progrès, le volume total reste encore au moins le même). Il y a simplement une courroie sur la valise, oh ! ton sur ton, en cuir noir : le fermoir est cassé et je ne l'ai pas fait réparer, la légère note « débarquée » est ainsi conservée malgré l'apparente élégance de l'ensemble. Tout ce qui est dedans est beige (deuil, douceur, discrétion : surtout ne pas se faire remarquer) et en double exemplaire : encore deux pantalons, deux pulls identiques, histoire que si on perd une botte (ou une paire), il en reste toujours une autre paire du même genre et de la même couleur.

J'avais oublié le sèche-cheveux, j'ai eu plus de chance qu'avec les chaussettes, voici que s'est présenté à moi à l'escale de Jersey un grand empilement de sèche-cheveux *made in Hong Kong*, exposés là comme cadeaux de dernière minute en ce temps de fêtes, pas les miennes, j'en ai acheté un, tout est bien, libre circulation des marchandises et des personnes, comme cela a été annoncé au début. Mais la liberté, une petite liberté dans la tête, où est-elle ? Pas en tout cas dans mes valises... Dans ce nouvel amour ? Dans ma vie qui continue ?

Mercerie, couture

Mercerie, couture, tricot : fil – aiguille – enfile-fil – boutons – boutons à pression – élastiques – fil lastex – extrafort – crochets – patrons – craie – épingles – aimant, etc.

Ce qu'il doit y avoir de commun entre l'écriture et la couture, pour moi, c'est que le premier napperon que j'ai brodé à l'école, à mon arrivée en France, devait être accompagné d'une lettre de marques d'affection, de reconnaissance, et de remerciements écrite sur un papier blanc entouré d'une dentelle. C'était pour la fête des Mères. De vraie mère, je n'en avais pas, je venais même juste d'être laissée par une remplaçante pour être prise par une autre remplaçante de la remplaçante. Je n'avais jamais appris à broder ni même à écrire, les autres filles de la classe, elles, bien plus petites que moi, savaient déjà au moins un peu. J'avais honte, et à la récréation, je me cachais dans les cabinets. C'est pour cela sans doute qu'écrire « Mercerie, couture... » m'importe tant et me donne autant de fil à retordre. J'ai fait de nombreux brouillons sur du papier rose, rose comme les couvertures des cahiers de brouillon à lignes que l'on nous donnait à l'école communale à cette époque-là, où je m'exerçais avec application – tout comme maintenant – à bien faire les lettres françaises, inconnues pour moi alors que j'avais déjà presque dix ans. En Autriche, on m'avait seulement appris l'alphabet hébreu, comme aux autres enfants déplacés de cette époque. Déplacée, je le suis toujours restée. Les maîtresses à l'école m'ont aidée à apprendre à écrire et à lire. La mercerie, je me la suis apprise toute seule. Ainsi, j'aime les merceries, les vraies, celles où on trouve de tout, tout ce qu'il peut y avoir dans une mercerie, tout ce dont on a besoin, bien à sa place.

J'aime le sérieux des vendeuses, ce sont des femmes qui savent. La terre entière est accrochée, au moment du choix, à la juste couleur du fil, « toujours un ton plus foncé » (plus foncé que le tissu, il faut le savoir). Elles le trouvent tout de suite à la vue de l'échantillon que j'ai apporté (pas du tout pour avoir l'exacte couleur du fil, mais pour avoir comme les autres vraiment de quoi parler avec elles). Elles sortent des tiroirs en carton de petites boîtes de boutons avec dextérité et assurance. Elles disent des choses comme, en les comparant, « les deux vont bien, mais celui-ci est plus mode ». Elles s'étonnent par contre et même vous dédaignent un peu si vous demandez des conseils sur les numéros des aiguilles ou sur les épingles. Ça va de soi, vous devriez savoir. Elles mettent les divers articles dans de tout petits sachets en papier blanc et font l'addition sur un petit bout de papier découpé semble-t-il spécialement pour cet usage, elles recomptent le nombre d'articles en les mettant dans une corbeille. « Neuf francs soixante-quinze », c'est le patron ou la patronne qui encaisse, parfois, ils refont même le compte.

On y trouve de l'extrafort marron clair en deux largeurs, des biais en coton mat et brillant, toutes les couleurs de fil de soie, de tergal, de coton, plusieurs tons même, dans la même couleur. La laine ou le fil à repriser, c'est moins évident, sauf en bleu marine, beige, noir et blanc – la reprise se perd. Je regarde et j'écoute soigneusement les conversations des femmes et des vendeuses, tout à fait semblables aux miennes dans d'autres circonstances, où, à partir de la recherche d'un bouton, d'un fil, en quelques phrases devant une inconnue toute une vie est racontée, évoquée avec ses malheurs, ses pertes, ses joies parfois, ses projets. J'aimerais, comme ces vendeuses, avoir tous les fils, tous les boutons, de toutes les couleurs, de toutes les formes, toutes les pressions, petites et grandes, tous les élastiques – à quoi servent-ils alors que les culottes n'en ont plus ? – toutes les aiguilles, tous les rubans chatoyants. Toutes les réponses.

Avoir le bon fil au bon moment, pour le bon usage, quel programme ! Faute d'avoir *the right man** *at the right time* – traduction approximative : l'homme qu'il faut au bon moment. Oui, avoir tout de suite à la maison le fil et surtout, surtout, le bouton qu'il faut quand par aventure quelqu'un en perd un (à moi, cela n'arrive quasiment jamais, tous mes boutons sont bien cousus et même recousus par peur de les perdre), quel bonheur ! Quelle sécurité ! Ainsi cet hiver mon jeune fils avait emprunté à une copine une canadienne (le pauvre, il n'avait rien à se mettre de chaud). C'était une canadienne façon 1950, col fourrure, doublée faux mouton, avec des manches ouatinées, le chic de la jeunesse de son père et de la mienne. Elle avait trois boutons sur huit (double boutonnage), ça faisait négligé, sale même s'il n'y avait pas de taches, et puis ça laissait entrer le vent (comme mes fenêtres, ouatinées elles aussi) et ça n'était pas en principe fait pour cela, contre le froid, ce n'était pas l'idéal. Eh bien, ô miracle, j'ai trouvé tout de suite dans une de mes boîtes à boutons cinq boutons identiques aux trois restant d'il y a trente ans (j'en avais même neuf ! ça n'arrive pas tous les jours), gros, bruns,

* *Right*, ici : qui convient, qui est bien. *The right man in the right place* : l'homme de la situation.

ronds, ils sont en bois et imitent le cuir tressé de ceux d'Old England, boulevard Haussmann à Paris. Je les ai cousus, et j'ai recousus les trois restants avec du fil noir, je n'avais pas de marron, exprès pour gros boutons : du « lin 25 mètres ». Quel bonheur ! L'ordre du monde était retrouvé, je pouvais peut-être même réparer l'une de ses déchirures. « Admire la mère que tu as », ai-je dit à mon fils, presque convaincue pour une fois, en lui montrant, très fière, la canadienne rajeunie. Il a ri et nous avons été contents tous les deux.

Moi qui vis dans le désordre, qui déteste ranger, ranger la boîte à fils, ça, ça me plaît beaucoup. Au bout d'un certain temps, les fils sont emmêlés, je pourrais couper mais ce serait contraire aux principes de patience et d'économie, et puis ma grand-mère disait – c'est à peu près la seule chose qui me soit parvenue d'elle – que pour apprécier une fiancée, il fallait lui donner une bobine de fil emmêlée à démêler. Il faut faire les choses proprement et tous les espoirs restent permis. Je découvre alors que j'ai quatre bobines de fil violet dont deux semblables, et deux verts, couleur que j'abhorre et ne porte jamais ; je m'aperçois aussi que je n'ai qu'un seul gris, que le bleu marine a disparu, le reste va pour le moment.

Je pallierai ce manque dans la prochaine mercerie – j'ai comme pour les harengs tout un itinéraire parisien pour les merceries, les vraies, j'en connais les qualités et les défauts, le choix, l'honnêteté, l'humeur des patrons – et y ajouterai, à l'inspiration un jaune vif ou un rose indien inutilisables. Ma boîte à fils de couture est relativement modeste – je n'ai jamais appris à coudre à la machine, les boîtes à boutons sont bien plus intéressantes. J'en ai plusieurs maintenant, assez mal rangées pour la plupart, dans des boîtes en plastique transparentes, boîtes à aiguilles intramusculaires d'il y a vingt ans, là où différents genres se rencontrent. Dans deux d'entre elles cependant la plupart des boutons sont attachés ensemble avec du fil blanc. C'est un souvenir inoubliable de mon fils aîné (ça y est les deux y sont), qu'il se plaît à raconter parfois : il a passé des heures (oh ! à peine une ou deux fois, me semble-t-il), quand il était petit, à trier avec moi les boutons par taille, par forme, par couleur, par motif, à en faire de petits tas et à les attacher ensuite ensemble à l'aide d'une aiguille enfilée. C'était un grand moment de mercerie, d'amour et de pédagogie, et il faut le dire, de revanche aussi pour moi : quand je suis arrivée en France (oui encore !), je parlais fort le polonais dans le métro, je posais des questions sur tout, je finissais tous les plats, et je n'avais sans doute jamais vu de boîte à boutons. La tante qui en avait une, de boîte à boutons (verte, en métal), et qui avait aussi des filles, et qui est morte depuis, ne m'aimait pas beaucoup. Je n'avais pas le droit de toucher à sa boîte à boutons. Qui sait, j'aurais pu faire tomber les boutons, les avaler, les mettre dans mes poches comme des billes ou dans mon nez pour les faire germer puisque je n'avais encore rien vu, rien appris dans la vie que la guerre. Ainsi mes fils à moi ont-ils une mère qui a des boîtes à boutons, et plusieurs même, et ils pouvaient non seulement y toucher mais aussi jouer avec. Des boutons qui restent encore attachés ensemble en font foi.

Les autres boutons au fil des années sont restés pêle-mêle. Il y a même, ô honte, de beaux boutons anciens en jais ou en bakélite, cousus encore sur des cartons, noirs pour la plupart, « des boutons de deuil », disait-on, avec des dessins géométriques ou des fleurs dessus, que j'ai achetés au marché d'Aligre histoire de me refaire un passé. Ceux-là, je les ai gardés dans des sacs en plastique.

La pratique des aiguilles et surtout des enfile-fil est bien plus récente. Ce qui est merveilleux dans la mercerie comme dans la littérature et même dans la vie, c'est qu'il y a toujours quelque chose à découvrir. Encore faut-il, il est vrai, savoir regarder et s'en servir. Ainsi, pendant longtemps je n'ai pratiqué que les aiguilles « mode n° 7 », longues et moyennement fines, quel dommage ! Et bien sûr les aiguilles à repriser de temps en temps, mais depuis peu en fait, depuis que j'ai découvert l'enfile-fil ma vision des aiguilles, et du monde peut-être, a changé. Elle s'est élargie en même temps que mes possibilités d'enfilage, et bien que ma vue ait baissé je me permets maintenant le n° 3 (non, ce ne sont pas des huîtres) ou le n° 5 longues beaucoup plus courtes que les « modes ». La n° 9 est usuelle et solide à la fois. Les aiguilles n'ont presque plus de secrets pour moi. Elles sont le plus souvent fabriquées en Angleterre, *made in Redding, England* par exemple ; qui ne s'y intéresse pas ne le sait pas. Mais à quoi bon le savoir, ça, c'est encore une autre question. L'enfile-fil est à mon avis une grande invention de l'humanité, la machine à vapeur m'étonne, l'enfile-fil m'émeut. Je l'ai découvert toute seule dans un magasin, découvert, pas inventé. Un jour, dans une mercerie que je fréquente, j'en ai vu trois identiques cousus sur un petit carton (ils se vendent presque toujours par trois, sauf en Angleterre où c'est à la pièce, c'est normal, c'est pas cher, un peu fragile et ça se perd) ; sur le support arrondi, il y avait un profil de femme (donc trois pareils) aux cheveux courts, ondulés, genre 1925, j'ai été tout de suite séduite et j'ai demandé ce que c'était. « Des enfile-fil », m'a dit la vendeuse sur un ton à la fois naturel et dédaigneux qui ne permettait aucune explication. Je ne savais pas comment ça marchait, je n'étais pas poussée par la nécessité, je n'en avais pas encore besoin, j'y voyais encore assez clair mais j'ai été contente de mon achat. Rentrée à la maison, pour trouver le mode d'emploi j'ai été guidée par le nom, enfile-fil. Je ne sais pas en fait si on ne dit pas « enfile-aiguille », ce serait plus logique, et je ne sais plus ce que la vendeuse m'a vraiment dit, mais « enfile-fil » me plaît mieux, j'ai commencé avec et je préfère ne pas aller chercher dans *Le Petit Larousse illustré* parce que si c'est vraiment « enfile-aiguille », je serai bien embêtée. J'aime parfois avoir mon vocabulaire et mes définitions à moi. J'ai mis cependant un peu de temps pour en comprendre le fonctionnement, mais une fois que j'ai compris, sa simplicité m'a émerveillée et j'ai été ainsi récompensée de l'audace de mon achat. On passe l'enfile-fil (fait du support en fer-blanc précédemment décrit et d'un grand chas en fil de fer très fin et souple) dans le chas de l'aiguille. Le chas de l'enfile-fil étant très fin et souple, il passe facilement dans le chas de l'aiguille. Puis on passe juste un court bout de fil dans le chas de l'enfile-fil, lui-même donc passé dans le chas de l'aiguille, qui est bien plus large que le chas de l'aiguille, tout l'intérêt réside là, puis on tire le fil qui par magie finalement est enfilé dans le chas de l'aiguille. Si vous n'avez jamais vu d'enfile-fil, malgré mes soins descriptifs je doute que vous puissiez comprendre. Cela demande un certain exercice, mais si vous allez en acheter, ce que je vous conseille vivement, vous comprendrez aisément mes explications ; et puis c'est joli, simple, poétique, efficace, pas cher donc, et cela ne sert absolument à rien avant quarante, quarante-cinq ans. Avec l'enfile-fil, vous ne serez ni déçu ni seul. L'enfile-fil peut me conduire aux reprises même si les aiguilles à repriser ont un chas suffisamment grand pour ne pas en requérir l'usage en principe, mais j'aime les reprises aussi, cela suffit donc comme transition.

Cette création formalisée autour d'un trou, appliquée, transmise de génération en génération par les femmes et que j'ai dû apprendre seule aussi me touche, et parfois à un tel point qu'il m'est arrivé d'acheter, toujours au marché d'Aligre, une combinaison mauve pâle en coton, décolorée par le temps, rien que pour ses reprises douces, rondes, fines, régulières, parfaites, ton sur ton, nombreuses. Pour rien au monde je ne revendrais cette chemise, même si c'était ma dernière, de toute façon personne n'en voudrait, elle fait maintenant partie de mon passé.

Ainsi, avec le fil, les boutons, les pressions, les reprises, quelques points de tricot, l'ourlet que je me suis peu à peu appris, j'ai retrouvé un peu ma mère, bien mieux que sur les photos et dans mes souvenirs et bien qu'elle n'ait jamais été couturière. Elle aurait pu me montrer tout cela avec douceur, gaîté, fermeté même, et je me trouve parfois bien à coudre alors que cela n'avait pas du tout été prévu au programme de ma nouvelle éducation. Il fallait apprendre, comprendre, penser, faire, mais pour moi, coudre, avoir des fils, des boutons, des pressions, des enfile-fil, c'était connaître, aimer être avec les femmes qui m'ont précédée. C'était continuer, reprendre, rattraper un fil perdu et puis quand même, quand je fais des reprises pour mes fils, ils aiment cela, presque autant que les gâteaux de leur mère, et puis aussi je leur ai appris un peu les boutons.

Lune

Que fais-je perdue, traversée, trouvée, émerveillée sous ce ciel ? Rien. Tout cela doit s'appeler sentiment panoramique, de la distance, un peu de distance. Tant pis, pas de distance, j'y entre, je m'y plonge, je m'y abandonne, j'y suis, sans limites, un long moment. Cette transparence, ce blanc presque jaune, l'eau en plaques brillantes et sombres, plates, des gris qui montent avec des traînées de lumière claire surmontée de roses fulgurants se déplacent en bleutés doux tout ciel et mer confondus. Et moi qui suis là, immatérielle déjà, buvant mon soda et mangeant ce qui va avec l'ouzo sans ouzo.

J'existe complètement et plus du tout en même temps.

À quoi sert le monde ? À cette gloire, à cette splendeur. C'est le vieil Alonissos, un village d'une des Sporades du Nord du même nom. Il a été détruit par un tremblement de terre en 1965, les Allemands rachètent les maisons détruites : ils n'ont pas peur des catastrophes, eux, et le deutschmark est fort. Ils ont eu quand même du mal ici pendant la guerre avec la résistance grecque, et sous la dictature des colonels il y a eu un pénitencier dans l'île. Des Grecs servent à manger dans les tavernes. Un jeune homme gratte sur une mandoline devant une maison, derrière le ciel.

J'ai fait du stop pour monter (une famille grecque dans une grosse Mercedes m'a prise à la demande d'un enfant), est-ce cela, la justice ? Non, en ce moment, la justice, c'est la beauté, c'est cette lumière qu'il m'est permis de voir. Tout s'efface, tout disparaît, cela s'appelle le bonheur, et là encore tout chavire, tout s'évanouit dans les mêmes teintes et juste les contours doux de l'île en face, à quatre bosses inégales, se détachent. Le jour disparaît à droite, à gauche reste la lumière mystérieuse. C'est un coucher de soleil. La force se noie dans l'inexistence.

Négligeant toute poésie surfaite, la taverne a allumé toutes ses lumières dans les arbres, ouverte qu'elle est sur le monde.

La toute jeune fille de cette famille italienne est déjà bien plus belle que la mère, le fils n'est pas encore sorti de la gangue, le père, lui, me garde tout son charme secret.

À droite, la lune s'est levée, alors que je les regardais, ayant quitté un instant le ciel des yeux. Elle est rouge d'or, toute ronde. Autour de moi les gens s'intéressent aux chiens et chats maigres qui traînent entre les tables, certains prennent des photos : la lune et eux, et d'autres la lune seule. Depuis qu'elle s'est levée, la terrasse s'est peuplée, c'est l'heure grecque du dîner. En arrivant, j'y étais seule avec un jeune couple d'Allemands, lui lisait *Le Petit Prince* en édition bilingue, une histoire de planète. Certains comme moi sont heureux, certains que je ne connais pas vivent. Tout est gris foncé, lumineux maintenant, un rai de clarté sépare ciel et terre. La lune est montée plus haut, elle est maintenant jaune clair.

Le garçon de café m'a bien volé, avec ce qu'il m'a fait payer j'aurais pu m'enivrer d'ouzo, moi qui ne m'enivre jamais d'alcool. Cela m'est égal. Il ne se doute pas que son ciel m'a donné bien plus que ce que lui a cru pouvoir me prendre.

Il est temps de redescendre dans la ville. Des bourgeois grecs, jeunes, beaux, deux hommes et une femme, me prennent dans leur minibus intellectuel. La lune descend avec nous, elle brille bêtement en grande voie large d'or sur la mer. Ils arrêtent la voiture pour la photographier, l'interpellent en criant « Φεγγάρι » (*fengari*), la lune, elle est à eux.

Alors, je dis, dans un banal besoin de communication, que c'est bien plus beau que les hommes à la télévision qui ont marché sur la Lune. Eux sont plusieurs, ensemble, ils n'ont pas eu besoin de répondre.

Ils ne me proposent pas de prendre un verre avec eux, une fois arrivés en bas. Il est vrai qu'ils ne vont pas nécessairement prendre un verre et qu'ils vont peut-être se séparer un instant après. Ils me déposent au port. J'achète quelque chose de très sucré à manger.

Je rentre à l'hôtel, je parle avec mon fils. Une amie vient s'asseoir à notre table. Elle boit un ouzo, elle. Je vis. Je n'ai pas sommeil. Il n'est que onze heures du soir.

Adresses

Pardonnez-moi si les mêmes choses reviennent dans plusieurs histoires, j'ai dû déjà parler quelque part de mon besoin de savoir où sont les gens, ou tout au moins où sont ceux que j'aime, ou bien qu'ils sachent, eux, où je suis, ce qui revient presque au même ; pardonnez-moi de vivre ; pardonnez-moi de vous faire entrevoir un horrible univers tranquille d'après guerre d'après mort, pardonnez-moi de vous faire rire si peu souvent, de vous faire seulement sourire à de rares instants.

Donc, si d'Alderney, îles Anglo-Normandes, nous partons à Londres pour deux jours (jeudi, vendredi), comment vais-je faire connaître mon adresse à tous ceux qui pourraient avoir besoin de moi, c'est-à-dire à tout le monde, c'est-à-dire à la terre entière, c'est-à-dire à moi-même ? Non, c'est impossible, alors au moins aux plus proches, à la famille, sans cependant paraître trop ridicule et avec assez d'efficacité. Et puis, pourquoi aller à Londres ? Ne pas y aller, ne pas voyager serait tellement plus simple, puisque j'ai déjà à communiquer mon adresse d'ici, dans l'île, à tout le monde, y compris à mon travail où personne n'en a rien à faire malgré mes hautes fonctions, d'autant que c'est fermé au mois d'août et que donc personne n'y vient.

Ce n'est pas simple, les journaux n'insèrent que des faire-part de décès et encore, juste au moment même de leur survenue. Des faire-part d'enregistrement, de stationnement, d'existence, donc de changement d'adresse, ne sont pas d'usage. Cette rubrique ne semble s'intéresser qu'aux moments très particuliers, ponctuels et administratifs, ceux de la vie, de l'état civil : naissance, mariage, décès. Les gens sont sans doute beaucoup plus « arrivés » au moment du décès qu'à la naissance, car il y a bien plus de morts que de vivants dans les « carnets » des journaux, ce qui est en contradiction absolue avec la plus simple logique démographique. Il y a un cas particulier : sous les régimes totalitaires, ou en cas de guerre comme en Pologne : *meldować*, « s'inscrire, s'enregistrer », donner son adresse au commissariat.

Le Bottin, n'en parlons pas, il est édité une fois par an et il faut en plus savoir plusieurs mois à l'avance où on sera cette année-là, ce qui est des plus optimistes. Le Minitel, je ne sais pas m'en servir.

Ma tante, celle qui m'a tenu lieu de mère, est trop vieille pour prendre une adresse étrangère par téléphone, mes enfants noteraient avec un peu de condescendance, leur père, oui, il connaît pour eux mes déplacements. Non, quand même pas pour deux jours. Mais dans ma panoplie pour toutes situations, j'ai trouvé : ma cousine aînée, une qui est aussi responsable que moi, pour ses raisons à elle, mais ça revient au même, et en plus nous portons le même prénom. Je vais lui laisser l'adresse, elle va comprendre et je n'aurai plus qu'à dire aux autres qu'elle l'a, ça fait assez discret et c'est sûr.

Dans ce sens-là, ça va encore, mais dans l'autre, savoir où sont les autres, c'est une autre affaire. Pour les personnes qui aiment que l'on s'occupe d'elles et qui ne voyagent pas, c'est facile, mais pour les jeunes, qui voyagent, eux, qui se sentent offusqués quand on leur demande quoi que ce soit sur eux et qui répondent tout de suite par un « Je ne sais pas », c'est autrement difficile ! Il faut alors expliquer, se montrer, mais pas trop parce qu'ils n'aiment pas, tout en disant qu'on ne leur a pas dit assez, trouver des subterfuges, attendre, paraître normal, cacher sa misère.

Parce que c'est quand même la misère, celle des trains – excusez-moi messieurs-dames –, celle des camps de concentration, des fours crématoires, des morts sans sépulture, alors, quand on ne sait pas où les gens sont, c'est qu'ils peuvent être disparus à jamais. Un jour sans adresse, sans numéro de téléphone, c'est trop déjà.

Oh oui ! il y avait des gens qui savaient, les aiguilleurs, les fonctionnaires du ministère des Transports, les billets étant scrupuleusement payés pour chaque voyageur, ils savaient où les trains se croisaient, vers où ils allaient, quelles étaient les vitesses optimales souhaitées, quels étaient les prix de revient, une arithmétique parfaitement adaptée. Certains établissaient les listes de ceux qui étaient dedans, d'autres faisaient l'ordonnancement des convois, les registres étaient ailleurs, il fallait répartir les tâches, fractionner, cloisonner, pouvoir nier. Et ces registres, ils n'étaient pas aussi bien tenus dans tous les pays, la France, c'était un pays calme, où tous les noms au départ et les quelques noms du retour ont été retrouvés, en Pologne, il fallait faire vite, il y avait beaucoup plus de monde, les registres n'étaient bien faits que pour ceux qui restaient un peu après l'arrivée au camp, les Allemands ont toujours voulu être des gens ordonnés ; pourquoi donc le serais-je moi-même un peu ? Juste pour tenir un carnet d'adresses, c'est une des marques indélébiles qui me reste de tout cela, j'étais trop petite pour avoir eu un numéro.

À Beate et Serge Klarsfeld, à Claude Lanzmann, à Raul Hilberg, merci.

Vivre lentement

Vivre lentement, pas à pas, moment par moment, juste en faisant des choses quotidiennes : arroser les plantes, ranger, trier de vieux papiers, faire un peu de nourriture, recoudre un bouton, ramasser une miette, aller d'une pièce à l'autre, attendre, être dans un peu de vie nécessaire, indispensable, bonne aussi, alors que je suis dans l'angoisse.

Cet état m'oblige à lutter instant par instant, et ce ne sont alors que les gestes de tous les jours, banals, sans importance, qui me permettent de savoir que je suis encore là, que je n'ai pas disparu dans la tourmente. (La tourmente, pour moi, c'est me trouver dans l'impossibilité de pouvoir faire ce qui s'impose à moi pour ceux que j'aime et pour d'autres aussi, pour leur bien, pour leur bonheur, pour leur survie, pour leurs souhaits – et avec quels critères ? les miens ? un peu des leurs, pas mal ceux de la guerre ?)

En d'autres temps, où la fragilité ne recouvre pas tout, cela est moins apparent, je vis avec ma tête aussi, je peux même avoir beaucoup d'activités, d'intérêts, mais c'est là, ça reste tapi dans un coin. Un tribut reste à payer, il ne m'apparaît même pas toujours comme pénible mais il est là, impératif, pressant, il se manifeste par des marques, des choses à faire qui rappellent, qui empêchent d'oublier et peuvent parfois faire rire.

En voilà un petit inventaire, quelques exemples comme dans les livres de lecture, toujours les mêmes. J'aurais bien voulu trouver le moyen que ce soit léger et amusant, une bonne dérision, mais je n'y arrive pas, la matière s'y prête mal, pardonnez-moi, malgré tous mes efforts, vous pourrez sentir combien c'est laborieux, j'ai essayé, je l'ai réécrit, ça reste lourd et ennuyeux comme ça l'est pour moi-même. Je peux toujours m'en sortir en disant par exemple qu'il y a des questions de fond, de forme, mais parfois ne rien dire, c'est vital. Bien sûr, on peut toujours sauter au moins d'un sujet à un autre. Ainsi, la maison est déjà pleine de nourriture et personne ne doit venir. Je vais quand même descendre au marché. Il peut bien manquer quelques citrons, je verrai bien, et puis il ne faut quand même pas manquer le marché, il y en a deux, en deux endroits différents, c'est-à-dire quatre fois par semaine près de chez moi. Je remonte avec le panier plein, les épinards, ça prend de la place, la maison déborde, encore plus de nourriture, je connais, c'est même un peu drôle, j'ai l'habitude, une habitude qui sert. Je sais que j'ai dû le faire, vérifier une fois de plus que je peux maintenant tout trouver, tout acheter – pour manger bien sûr – que non, absolument rien ne va manquer à la maison, ni le sel, ni la farine, ni les pâtes, ni le beurre, ni le persil, ni le papier hygiénique ni rien.

Au moins de temps en temps je dois avoir de la cuisine prête, faire un gâteau, un grand gâteau, même si après je dois trouver le moyen de l'écouler (je donne, je porte, jeter reste difficile), je continue ainsi d'exister par ma fonction nourricière, et puis ça me donne l'avantage de garder une bonne réputation.

Savoir où chacun de mes proches se trouve, pouvoir les joindre au moins par téléphone est une nécessité, mon carnet d'adresses est toujours tenu à jour, mais ça ne suffit pas, de nos jours les gens voyagent pour le plaisir, les enfants surtout, et les liens entre mes demandes d'adresse et de téléphone et mon histoire personnelle leur restent fort heureusement assez obscurs. Je suis celle qui embête, qui ne laisse pas vivre. Alors il me faut déployer une obstination discrète pour savoir où ils sont, ou bien savoir rester inquiète.

Apporter des chaussures de rechange au cas où il pleuvrait, non pas pour garder les pieds au sec mais pour ne pas abîmer celles que je porte devient pénible quand je m'en rends compte, alors que les magasins sont maintenant pleins de chaussures et que l'achat d'une nouvelle paire n'est pas un problème. Bon, va pour les chaussures encore.

Rentrer à la maison dans la journée en dépit d'une demi-heure dans les embouteillages histoire d'être sûre au fond que la maison est là, que je peux y être, qu'elle n'est pas écroulée, brûlée, que je peux y revenir quand je veux, qu'elle est bien ma maison, et même, dans mon athéisme pratiquant, remercier Dieu alors d'avoir une maison où rentrer, c'est quand même fatigant, alors que j'aurais pu tranquillement lire dans un café en attendant le rendez-vous que j'ai en ville, et qu'il me faut donc repartir une demi-heure plus tard après avoir constaté que tout est là, que la maison est là. Mais comme en plus ma tante m'a appris à mon arrivée, et après aussi, que les cafés sont des lieux de perdition, alors les raisons s'ajoutent les unes aux autres pour rentrer.

Manger quelque chose du frigidaire de la maison après un bon dîner dehors, c'est savoir vraiment qu'il y a à manger à la maison, c'est merveilleux pour le régime, et me revoilà au marché et à la case départ.

Rien de tout cela ne se voit, mes trucs de survie sont secrets, jusqu'ici, ce ne sont que de petits trucs, n'est-ce pas ? Rien ne pourrait faire supposer quelque chose de semblable dans ma position de travail enviable, mon poids correct, mes possibilités de rassurer, brillantes quand il le faut, et même ma façon d'écrire, suffisamment libre et maîtrisée pour parler de tout cela. C'est le résultat d'années et d'années d'efforts, d'exercices, de tentatives pour comprendre, et de rôles à bien tenir. Mais qui pourrait penser qu'à l'intérieur ça crie, ça hurle, ça se défait, qu'à l'intérieur c'est encore la guerre, la panique, que tout le monde, la vie, les autres, moi sont en question, en sursis, à chaque moment, non, à certains moments.

Si je désire une eau d'Europe, c'est la flache
Noire et froide où vers le crépuscule embaumé
Un enfant accroupi plein de tristesses, lâche
Un bateau frêle comme un papillon de mai.

(Après la tempête,
me dit Rimbaud dans *Le Bateau ivre*.)

Je voudrais pouvoir faire une prière, moi la juive, moi l'athée, à la Sainte Vierge et à l'Enfant Jésus, comme on me la faisait faire pendant la guerre et que j'attendais le retour de mes parents.

Boulettes

Encore des boulettes, toujours des boulettes, il faut surtout qu'il y ait des boulettes prêtes aux pires moments, tant qu'il y a des boulettes, tout peut encore aller. Ainsi se parlait la mère en se moquant d'elle-même, et pourtant c'était vrai ; les boulettes, pour elle, c'était sa civilisation, la continuité de la vie, alors que des livres, même si elle en avait beaucoup lu, ça n'avait jamais nourri ses enfants, la preuve, le plus grand en taille des deux, le plus jeune en âge, lisait peu, et il est beau et fort quand même.

Des boulettes, il y en a de deux sortes, c'est la base : les boulettes de viande, classiques, et les boulettes de *matse mel* (farine de pain azyme, souvenir de l'exil et de la liberté), dites *kneidlekh.*

Pour les enfants, les catégories étaient bien sûr différenciées mais faisaient partie confusément d'un même patrimoine, celui des boulettes. La grande base est la boulette de viande, de quoi en nourrir tout le monde et en écrire des pages. En fait, c'est le plus souvent infect parce que simple, pratique, pas cher et trop gras, ça tient les familles et ça tient aussi au ventre (sont ajoutés à la viande hachée de la farine de *matse mel* – voir plus haut – des œufs, de l'huile, et quand même des oignons, du sel, du poivre pour le goût). Il arrive quand même parfois que quelqu'un, de la famille, n'en veuille plus, n'en puisse plus et s'en aille, fini les boulettes.

Chez moi ça a l'air de tenir encore, mais de loin, sauf quand j'en fais vraiment trop, que j'en remplis trop les boîtes en plastique pour mes fils et que les boulettes pourrissent dans leur frigidaire – ils ne viennent pas si souvent pour en manger – et il faut bien que j'écoule mon stock comme je peux. Aujourd'hui, alors que le temps était à la tempête noire, que de graves histoires se déroulaient ou étaient arrêtées, que je me sentais très seule et incapable, j'en ai préparé ou plutôt j'ai aidé la jeune femme qui m'aide à la maison (et qui pour la cuisine, au fil des années, est devenue aussi juive que moi, donc si mon fils, celui de la tempête, venait à l'improviste, son plat de base serait prêt, même si lui aussi commence à manifester son « assez des boulettes ») à en préparer. Pour moi, l'évolution de la vie aidant, j'en ai fait de diététiques sans huile, francisées et anglicisées à la fois, avec herbes, épices, Tabasco, c'est un peu plus loin des femmes de la famille, ça passe mieux, et la tendresse cependant est toujours là. Mon fils n'est pas venu mais les avoir faites m'a fait du bien. Quand on a été plus que décimé et spécialement par manque de nourriture, assurer la continuité des générations par les boulettes, ça marche. Les recettes peuvent varier entre les classiques avec oignons et revenues à la poêle ou les autres, rehaussées par l'assimilation, avec des tomates dans le jus de cuisson. De toute façon, le porc est exclu, par conséquent la chair à saucisses à mélanger avec la viande hachée est honnie, cela assure une part de tradition et c'est mieux pour le régime. Les boulettes de *matse mel* étaient courantes pour les bouillons quand les enfants vivaient à la maison, mais elles doivent se faire à la dernière minute et maintenant ils ne disent presque jamais vraiment quand ils viennent, aussi sont-elles réservées pour les fêtes juives – elles font partie de l'ambiance comme les cotillons ou confettis pour le jour de l'An ou le sapin pour Noël. Nous avons peu le sens de la décoration, nous n'avons pas eu assez de temps calme pour développer cela, il y a un certain charme à rouler les *kneidlekh* entre les paumes des mains avec un peu d'huile, en petites boules régulières, très vite, pour qu'elles cuisent toutes en même temps à l'eau bouillante, dans laquelle elles gonflent de deux ou trois fois leur volume, mais savoir quand elles sont prêtes tient de l'art.

Leur goût est pour moi devenu presque écœurant et je continue cependant d'en faire avec plaisir.

Assez de boulettes. Famille, est-ce que je vous aime ? Quelle famille ? Quelles boulettes ? Pour quoi faire ?

Téléphone

Je tourne dans la maison, passe d'une pièce à l'autre, ne sais que faire : mon jeune fils vient de m'appeler et nous avons eu une discussion terrible. Je suis bouleversée. J'entre dans la cuisine, tire le téléphone de l'entrée, je m'assieds, là je suis plus au chaud bien que le printemps soit déjà à la fenêtre.

J'appelle une proche amie pour lui en parler, essayer d'en rire un peu avec elle, elle le connaît bien, elle comprendra peut-être.

Elle me dit combien elle est touchée que j'appelle souvent en ce moment et se met à me raconter ses déboires en cours. J'ouvre la bouche, j'essaie de commencer une phrase, elle continue, je me décourage, elle continue, je renonce à parler de moi. J'écoute alors en regardant l'heure sur l'un des deux réveils qui sont sur la table, la pendule au-dessus ayant été cassée dernièrement par inadvertance par le même fils. Il m'a dit qu'il allait la remplacer mais ne l'a pas fait, moi non plus.

Je me demande comment je vais faire pour arrêter la conversation. Je ne me trouve pas très généreuse. J'essaie de changer de sujet, je parle de viol, ça marche, au bout de cinq minutes je peux interrompre. Elle me remercie encore.

Je me sens un peu indifférente.

Mon oncle

Depuis que mon oncle est mort je cire mes chaussures, je ne les avais presque jamais cirées pendant les quarante-deux ans où il m'a élevée, je suis arrivée chez eux après la guerre, à neuf ans et demi, il est mort il y a un an. J'ai même cette année ciré les chaussures de l'un de mes fils, nous étions contents tous les deux.

Mon oncle aimait cirer les chaussures. Il venait d'une famille pauvre où une paire de chaussures ne se remplace pas facilement, et puis sa mère aimait les chaussures propres. Il en parlait alors qu'il était vieux déjà avec la simplicité d'un jeune garçon, une sorte de dévotion ; comment elle lui disait qu'il ne fallait pas se moquer des bossus ou des estropiés – comme le faisaient souvent les gamins en ce temps-là en Pologne –, elle disait « parce qu'ils sont déjà bien assez malheureux comme ça ». « C'était un tout petit bout de femme, presque analphabète, mais elle était bonne », disait-il avec admiration.

Mon oncle était bon lui aussi, chaque jour, à sa façon, et moi à la recherche d'une brillance, j'ai mis des années à m'en rendre compte. Il aimait sourire, faire des jeux de mots en français, en yiddish, jamais en polonais, il disait *moïhou* (*h* aspiré), mon cher oncle Roman, expression pour moi intraduisible, entre l'hébreu et le yiddish, qui, là, voulait dire : « J'en ai assez, j'en veux plus. » « *Moïhou** », disait-il après avoir trop mangé d'une chose qu'il aimait, peut-être en poussant son assiette, alors qu'il avait dit au début du repas, en souriant, quand ma tante le servait : « Une ration double de déporté », ou bien *« Moïhou »*, quand il mangeait quelque chose qu'il n'aimait pas trop, mais en prenant par politesse ou nécessité, comme le « Tu mangeras des carottes » de ma tante est resté dans la famille. Parfois, à propos d'un plat compliqué, long à faire, lui qui respectait ô combien la nourriture et particulièrement celle faite pour lui, il pouvait dire : « Maintenant, on jette. » Il voulait en me disant des mots drôles, savoureux, m'apprendre, me réapprendre le yiddish, et moi, stupide, je résistais, je ne voulais apprendre que le français, je vivais dans le chaos de mon adolescence, dans tout ce qui me venait de tous côtés, dans toutes les nouvelles connaissances, dans les rencontres sur lesquelles je construisais un monde

* En hébreu, *moïhou sein* signifie « pardonnez-moi, excusez-moi », avec ironie et politesse ; « j'en ai assez ». (Merci à Itzohk Niborski.)

perdu, je n'allais quand même pas perdre mon temps à ajouter le yiddish et à cirer les chaussures. Il le faisait parfois, j'avais quand même un peu honte. Je n'ai jamais voulu demander à quelqu'un de cirer mes chaussures. Les couloirs des grands hôtels avec les chaussures dehors, très peu pour moi, les bottes des Allemands pendant la guerre étaient très brillantes et ce n'étaient pas eux qui les avaient lustrées ainsi.

Mon oncle racontait aussi comment, quand il a été libéré du camp de concentration, il avait été avec un « camarade » remplir une brouette de chaussures qu'ils avaient trouvées entreposées dans un hangar et comment ils avaient échangé leur butin contre du beurre, du fromage, du pain, et « de tout » chez des « bochesses » ; ses yeux brillaient du même plaisir qu'alors. Il ne m'a pas dit si les chaussures étaient cirées ou non, peut-être que cela n'était pas très important pour lui à cette époque. Il avait ajouté qu'ils avaient, son camarade et lui, exigé de ces femmes qu'elles leur emplissent un grand baquet d'eau chaude dans la cour pour qu'ils puissent se laver. Elles les avaient alors lavés, frottés.

J'ai des chaussures de maison blanches que j'ai achetées à Athènes avec une amie il y a bien quinze ans de cela ; comme toutes les autres, je les garde, celles-ci, de plus, je les porte, je ne les avais jamais ni blanchies ni fait blanchir, mon oncle ne les avait sans doute jamais vues. Hier, très soigneusement, je les ai nettoyées, blanchies, eh bien, c'est bien mieux comme ça.

Poulets bulgares

Elle a parlé un peu fort, avec un peu trop d'assurance, comme enjouée, à la marchande de poulets, une Bulgare, au marché. J'ai reconnu en elle une femme seule. Elle m'a parlé aussi, je me suis reconnue. Nous nous sommes tues. J'ai acheté trois poulets : un pour moi, un pour le congélateur, un pour une amie à qui probablement je n'oserai pas le donner. J'avais aussi, juste avant, acheté deux très bons pains, un pour elle, un pour moi. On n'offre pas un bon pain, ni même un poulet bulgare du marché, en France, maintenant.

D'ailleurs, l'amie ne voulait pas tellement de moi non plus, comment aurait-elle voulu de mon pain et de mon poulet ? Nous nous étions déjà trop écoutées l'une l'autre, je le savais. Et moi justement, du fait de ces conversations, j'avais besoin d'elle ce jour-là.

Et d'ailleurs les poulets sentaient un peu mauvais quand je les ai sortis du panier à la maison, bien plus tard. Le cadeau était un peu passé, pourri presque. Ils allèrent tous les trois au congélateur avant d'être probablement jetés par la suite.

J'ai traversé la place du marché devant l'église vers l'étalage de la marchande de fleurs devant lequel je passais d'habitude découragée tant ses fleurs étaient moches. Il y avait, ce jour-là, trois petits bouquets de forsythias un peu faméliques, on était en décembre, j'en ai acheté un. Puis, je suis allée échanger un pot de moutarde dans le supermarché d'à côté ! Je m'étais trompée quelques jours auparavant et j'avais pris sur un rayon un condiment au vinaigre que je n'aime pas et que nul autour de moi n'aime. On m'a repris facilement le condiment et je suis repartie avec quatre cents francs de marchandises diverses en plus. Plus rien n'allait manquer à la maison, mais en fait, rien de la sorte ne manquait déjà avant, si ce n'est un pot de rechange de moutarde. Là, c'était bien, tout était en double.

Puis j'allais manger une soupe chez des Chinois en face de ceux chez qui j'achète les fruits et les légumes, il fallait bien que je m'occupe un peu de moi, là, tout de suite, et que j'essaie de me faire chaud au ventre, faute de chaud au cœur. Le tout m'avait pris deux heures et demie, la voiture était pleine de bouffe. J'étais désespérée de n'avoir pu, une fois de plus, dans mon peu de temps libre, faire autre chose que remplir la voiture ou la maison de nourriture à ne savoir qu'en faire.

Alors, j'ai traversé Paris pour porter à réparer au Bazar de l'Hôtel de Ville une machine à café cassée, qui avait déjà été remplacée par une autre semblable mais qui pouvait toujours servir, on ne sait jamais. Et j'ai acheté un sous-vêtement blanc, à manches longues, pratique, en coton, comme j'en ai une dizaine à mettre sous les pulls pour que ça ne gratte pas et que ce soit propre et doux, et des bas aussi, car j'en achète toujours quand j'en ai l'occasion parce que le mot polonais *pończochy* me revient alors, avec presque la voix de ma mère, et que pendant la guerre, c'était un luxe inouï, comme la nourriture. Je suis rentrée à la maison de « la ville » à cinq heures, j'étais sortie à midi.

Henné, pilon, couronne

Quand j'ai eu passé au henné les cheveux blancs que mon jeune fils m'a fait faire cet été – il est connu par les mères que les cheveux blancs ne blanchissent pas tout seuls – et qu'ils ne sont pas sortis carotte comme la première fois et que, ô miracle, j'ai presque retrouvé le blond de ma jeunesse, voilà qu'une couronne me tombe. Ne croyez pas que j'ai une couronne sur la tête comme les princesses des contes de fées ou des magazines afin que je puisse me prendre pour ce que je ne suis pas et que je souhaiterais être, non, ce n'est pas cela. C'est une simple couronne dans la bouche qui est partie. Ainsi, alors que j'avais masqué, masqué le travail du temps, la décrépitude d'un côté sur les cheveux, le subterfuge n'a servi à rien et me voilà avec un pilon (un pivot, disent les spécialistes) au moindre sourire et mon unijambisme apparaît aux yeux de tous. Avant, je pouvais le cacher comme mes autres unijambismes, plus maintenant, d'autant que je suis à cent lieues de tout réparateur, dans une île, mais je m'en fiche, puisque j'ai bien d'autres malheurs à fouetter, dont ceux d'une si triste enfance qui me permet même d'écrire des histoires.

Quand même, ça tombe mal puisque, ainsi parée, avec un trou dans la bouche, sans ma couronne, juste avec le pivot, je dois aller à une grande fête organisée justement par une cousine chic, dentiste. Déjà que je fais partie, sans cela, et comme cela a toujours été, de la branche pauvre de la famille...

Depuis mon arrivée, j'ai toujours été « la débarquée » et je le suis restée, ma réussite dite sociale par la suite n'y a rien changé, d'ailleurs, je n'ai jamais su en « profiter ». De quoi vais-je avoir l'air ? D'autant plus qu'au lieu de corriger mes tares, et pour protester sans doute, je n'ai pas acheté pour cette occasion une belle robe comme il faut, et que juste ce jour-là, je n'ai pas d'homme à montrer, ni même de belle auto, et je n'ai même pas répondu à temps à l'invitation. Et je dis que cela m'importe peu. Je le dis. Mais, bien sûr, j'aurais aimé des robes du soir brillantes, le regard de tous, être la plus belle ou même seulement la classe : la jupe droite, impossible avec mes fesses ; les chaussures plates, je suis trop petite ; les cheveux raides, je frise ; le gilet, je n'aime pas ; le collier de perles, ça, oui, j'ai ; les bijoux ont toujours compté dans la famille – oncle joaillier et, surtout, un bijou donné, une bague, un diamant, *a brilyant*, m'a sauvé la vie – mais ça n'arrange pas tout. Ou bien encore une grande maison au bord d'une rivière avec un pré devant, un homme calme et sûr ; les enfants viendraient de temps en temps (c'est un peu tard pour qu'ils soient à nous deux) ; des amis, de grands repas gais, des livres, des framboises. Quoi que je prétende, une vie honnête, même heureuse, d'une ouvrière, rien pour moi apparemment du clinquant rêvé conforme, bon genre, voilà.

En fait, c'est trop tard, j'ai assez vécu, pensé, pour ne vouloir être que moi, avec les autres cependant, sans ma folie si possible, sans mes empêchements, sans la répétition des luttes quotidiennes pour survivre même en tant de paix et d'opulence, sans une tête en carton-pâte bouilli, vide, à avoir à réveiller à chaque instant, sans que la plus petite humiliation devienne un drame, sans que tous les malheurs passés redeviennent présents à la moindre pichenette.

Oui, comme je voudrais avoir d'autres préoccupations, d'autres soucis, plus futiles que ceux d'entretenir, d'arroser ma terrible enfance, la guerre, ma place d'orpheline, de survivante, ne pas oublier, témoigner... Assez. Est-ce que je vais avoir à continuer à vivre, est-ce que le bon Dieu ne va pas m'envoyer une maladie mortelle ou une brique sur la tête ? Est-ce que je vais avoir à continuer à écrire mes histoires, un peu, pas trop, pour me croire immortelle, ou au moins un peu à la place de ceux qui sont morts sans traces ?

Mais si je n'avais pas tous ces souvenirs, tous ces devoirs, toutes ces exigences, alors, simplement les cheveux qui blanchissent, une dent qui tombe deviendraient un drame aussi. Quel soulagement, quel bonheur d'avoir tout le reste ! Ne croyez rien de tout ce que j'ai raconté. Heureusement, en rentrant de la gare, avec mes valises toujours aussi lourdes, je suis allée en taxi tout droit chez le dentiste pour qu'il me remette ma couronne. Le dentiste me l'a remise, et le chauffeur de taxi à l'aller et celui du retour m'ont parlé et j'ai été étonnée, et intéressée d'être là, vivante, de pouvoir les entendre, de les voir exister, qu'ils soient si différents de moi et l'un de l'autre, tout en ayant pareillement un nez, des yeux, une bouche, des jambes ; des êtres humains en somme.

Hyènes

La horde des travailleurs sort en groupe serré, en être, c'est revenir quand même le soir dans cet enfer emmuré. Ils ne disent pas un mot, sérieux qu'ils sont d'être là ensemble, vivants. Ils font attention à tout, graves. Et moi, avec mes ballerines roses, je les suis en dansant d'un pied sur l'autre, personne ne me voit, j'ai un nœud de satin blanc dans les cheveux et une robe scintillante, une mandarine dans la main, légère. Jamais je ne serai comme cela.

Je suis comme eux, les yeux creux, noirs, hâve, travailleuse inutilement acharnée qui marche sans repos, pour prouver à tous qu'elle est là, bien comme il faut, qu'elle est debout, irréprochable, qu'elle est un être humain, un *mensch*.

Et puis les hyènes m'ont entourée, défaite, blessée, pour rien, pour un banal jeu de pouvoir, pour m'arracher la place que j'avais acquise tout en voulant rester moi-même. Alors j'ai compris que j'étais presque morte à force d'avoir été contrainte de l'intérieur d'être comme eux, les travailleurs du ghetto, mes chers, mes proches qui devaient au jour le jour continuer ou mourir. Et encore, ce n'était pas assez. Si des hommes injustes et cruels lèvent la main sur moi, cela ne sert à rien de plier l'échine et d'avoir mal comme cela ne leur a servi à rien, cela sert seulement à rester avec eux et à être comme eux devant le danger, l'injustice. J'ai compris que je devais être moi, que cette fidélité ne servait à rien, qu'elle ne les ferait pas revivre, et que maintenant j'étais bien seule d'eux.

Maintenant, je cherche les arbres, les arbres au feuillage doux de ces deux verts, un tendre et clair, presque jaune, l'autre profond et sombre, qui se mêlent ensemble à un certain moment de l'année. Je cherche l'odeur de l'herbe juste après la pluie ou de l'herbe sèche au soleil de juillet, le goût des cerises sures, des pommes vertes, de l'oseille des champs. Je cherche et ne trouve pas la joie. Les années de l'enfance m'ont empoisonnée. Tout ce qui peut m'arriver, c'est un peu de quiétude où les souvenirs ni ne s'effacent, ni ne m'envahissent. J'écoute les gens, qui me le rendent. Les chariots allant au charnier ne roulent plus ceux de mon peuple – d'autres encore hélas –, leur bois est revenu à la terre comme les corps qu'ils contenaient.

Hyènes

Je voudrais tant rire, attraper un plaisir passant, mais c'est à peine si parfois j'arrive à me faire un pied de nez, et à jouer à la marelle à reculons. Le nœud satin blanc dans mes cheveux est un peu chiffonné, un peu défraîchi, mais propre.

Une femme en danger

Une femme en danger m'a offert des épices, des épices de son île, de laquelle elle est très loin depuis longtemps. Elle m'a dit avec quel plat chacune pouvait aller et puis elle a ajouté : « Et puis même comme ça, ça sent bon. » Ce don d'odeurs m'a adoucie, affermie, consolée. Elle ne l'a pas vraiment su. Je l'ai remerciée simplement. J'ai mis le paquet dans ma chambre, ce n'est guère sa place, mais « ça sent bon » et je ne suis plus tout à fait seule, comme avec la lumière qui éclaire, le chauffage qui marche, les vitres qui protègent.

La maison est en désordre, il n'y a que peu de places définies : les deux clous le long de la porte de la cuisine pour pendre les clefs, la place du sel, du poivre, de la farine pour les gâteaux, un panier d'osier ovale sur le frigidaire pour les lunettes. Parfois, quand je rentre, je remercie Dieu d'avoir une maison – c'est un appartement – pourtant je ne crois pas en Dieu, je ne peux pas : l'absence de justice. J'ai essayé, mais je remercie quand même Dieu d'avoir une maison chaude, propre, pas rangée, familière, la même depuis longtemps, et que j'aime. Elle m'abrite, avec des plantes qu'elle contient et que je soigne. En dehors des pannes d'appareils ménagers, avec son électricité et sa plomberie vétustes, avec la peinture qui s'écaille, je la connais, je peux compter sur elle. Elle est là. Aussi m'est-il difficile de la quitter, tous les liens sont contraignants. Même plus. Comme rien ne peut changer, rien ne peut être refait, tout croule. Le fait que tout croule est gênant bien sûr vis-à-vis des autres, mais pour moi, c'est rassurant. Du temps a passé. Le temps passé à vivre là est visible – tout doit rester « en l'état » comme ces choses d'occasion un peu cassées qui trouvent acquéreur et dont le prix est donné : « en l'état » –, et on se demande bien pour quoi faire. Aujourd'hui, la vie est belle, j'ai pu remplacer deux ampoules en grimpant sur le grand piano, cela peut paraître ridicule, mais remplacer deux ampoules, c'est faire quelque chose alors que j'étais plongée dans les ténèbres.

Et pourquoi mes ténèbres intéresseraient-elles quiconque d'autre que moi ? Parce que les leurs m'intéressent ? Parce qu'ils ont les leurs. Et que si je raconte les miennes, certains pourront savoir que quelqu'un d'autre qu'eux ne remplace pas tout de suite les ampoules éteintes, ou qu'au contraire un jour ils pourront remplacer une ampoule et qu'au moins le temps de cette nouvelle ampoule, la lumière sera.

Kotsikia

Je l'ai rencontrée à la plage de Kotsikia à Eubée, en Grèce. Nous y étions seules, elle était un peu grosse, un peu moche, un peu vieille comme moi. Elle parlait trente mots d'anglais et moi vingt de grec. Nous nous sommes raconté nos vies, elle nettement plus que moi, elle m'a dit presque d'emblée qu'elle était fatiguée, et – avec un geste de la main et du poignet – elle m'a dit tout faire, la cuisine, le ménage, une grande maison, laver, tout, oui elle était trop bonne, elle se faisait taper dessus par tout le monde.

Par qui, lui ai-je demandé ? Par ses enfants, son mari, tout le monde quoi. Puis elle m'a montré ses cicatrices, énuméré ses opérations, toutes du bas du corps : sur son ventre, deux, et aussi sur son derrière et son vagin. Oh ! pas de cancer ! m'a-t-elle dit avec un effroi rétrospectif. J'avais compris déjà, c'était mon métier : elle n'était ni triste, ni désintéressée des choses, ni endeuillée, ni fade, ni plate. Si elle était grosse, c'était à cause de la cortisone qu'on lui avait donnée pour ses douleurs aux poignets ; quand elle m'a montré en geignant ses poignets, j'ai pensé un instant à une tentative de suicide, mais là il n'y avait pas de cicatrices, et pourquoi de la cortisone pour une tentative de suicide ? Et puis elle était quand même trop vivante... Comment fonctionne la pensée ! Si elle était grosse, ce n'était sûrement pas à cause des sucreries, des gâteaux, du Fanta et des autres cochonneries. Elle avait eu aussi une infection à l'aisselle, qu'elle m'a montrée bien rasée et tout à fait guérie, un abcès au sein (elle a sorti son sein d'un petit soutien-gorge pour me montrer un mamelon parfait) et aussi un kyste au poignet qui lui était revenu, et puis des insomnies, et ses nerfs aussi. Je n'ai pas insisté. Les quatorze personnes d'une maison voisine l'indisposaient non pas à cause du bruit mais parce que leurs cacas (elle a mimé avec gravité) risquaient d'aller à la mer. Le reste, je ne sais pas. Les circonstances, l'envie, les langues ont fait que nous ne sommes pas allées plus loin.

Hypocondrie, oh ! modérée, ordinaire, quotidienne, dans sa forme féminine (en français, pour moi, cela venait du grec). Elle prenait plaisir à me raconter toutes ses maladies, à me dire comment les médecins n'avaient rien compris, à se plaindre sincèrement d'avoir eu si mal, et moi je compatissais un peu en l'écoutant, nous étions deux femmes qui parlaient ensemble.

Elle avait un fils de trente ans qui n'était pas marié, dit-elle d'un air désolé. Pourquoi ? lui ai-je demandé. Parce qu'il avait été beaucoup d'années sur les bateaux, partout, en Amérique, en Australie, en Espagne, mais maintenant c'était fini ; elle n'avait plus voulu, fini, et aussi parce qu'il était très très bon et qu'il n'y avait pas de fille bien. Il n'y a pas de fille bien pour lui en Grèce ? ai-je demandé. Elle a ri.

Sa fille était mariée, mais c'était pas bien ; son mari buvait de tout : de l'ouzo, du whisky, du vin, du cognac, « πολύ », beaucoup – elle énumérait, comme ses maladies à elle et les pays où son fils avait été – et il n'allait pas voir ses parents qui habitaient près, à Volos. Sa fille viendrait seule la semaine prochaine, je la verrai, elle était belle, et elle était très très bon professeur. Elle (la mère) lui avait acheté une voiture, une Volkswagen, dont elle me dit le prix. Son mari, ce n'était pas bien, elle était mariée avec lui depuis trente-deux ans et il ne parlait pas. Elle, elle aimait parler, elle avait besoin de parler : « *I like people* » (« J'aime les gens »). Son mari, lui, aimait rester dans cette maison, là, à la mer, y venir même l'hiver, pourquoi ? Juste pour dormir. Je lui ai dit qu'on ne pouvait pas tout avoir, un mari qui est là, qui ne boit pas, qui gagne sa vie – elle m'avait bien sûr dit le métier du mari – et qui parle. On n'allait quand même pas parler de sexe, et puis son anglais était trop restreint et mon grec trop récent, alors j'ai alimenté la conversation pour lui faire un peu de bien – chacun sa vocation – et puis la situation était particulière. Elle m'a invitée dans sa maison, elle avait quatre chambres vides, son mari, lui, n'aurait jamais voulu louer sa maison (allusion à celle que nous occupions et dont la propriétaire était divorcée), c'était pour montrer qu'il était bien quand même. Quand elle était à l'hôpital, mot qui est revenu plusieurs fois, son mari venait la voir, repartait, ne parlait pas beaucoup.

Elle était là, présente, à me parler de ses maladies, de ses douleurs alors que nous nous trempions ensemble dans l'eau tiède – elle ne nageait pas – elle disait ses souffrances.

Beaucoup de plaintes, un peu de bains de mer – son médecin lui avait dit d'arrêter tous les médicaments et de se baigner chaque jour dans l'eau de mer pendant un mois –, un peu d'enfants, un peu de mari, des amies femmes, gentilles, même de surface vite faite, même dans une langue étrangère.

J'ai un sourire pour toute cette capacité de vie faite de tout bois – même celui des souffrances du corps, un peu de tendresse aussi –, celle qu'elle souhaitait et suscitait, celle que je pouvais avoir envie de ressentir aussi. C'est quand même moi qui suis rentrée la première à la maison, mais il est vrai que je n'étais pas encore tout à fait à l'heure grecque.

Quand le surlendemain je suis venue à la plage avec une amie grecque et qu'elle s'est un peu précipitée sur elle pour lui raconter très vite la même histoire (je pouvais donc mieux comprendre), j'ai été un peu triste pour elle et aussi un peu pour moi.

Et puis, la veille de mon départ, alors qu'un vrai ouragan avait failli nous coûter nos vies, elle est venue, à travers champs (toutes les barrières avaient été arrachées) me dire au revoir. Elle était très bien habillée mais avait gardé aux pieds des chaussons. Elle avait oublié, me dit-elle, de m'apporter des poires.

En lui disant « Oh ! mais ça ne fait rien », je lui ai montré le poirier qui avait résisté dans notre jardin, elle ne savait pas qu'il y avait un poirier ici, le lieu s'appelait Hahlapotamanou : la rivière des poires – les poires étaient délicieuses. Quand je lui avais demandé quelques jours auparavant de me vendre quelques œufs de ses poules – le coq nous réveillait tous les jours à l'aube –, elle m'avait répondu qu'elle n'en avait pas : toutes les poules ne pondaient qu'un seul œuf par jour.

Bêtement, j'ai eu envie de savoir quelque chose sur sa mère, alors j'ai demandé comment étaient ses sœurs, elle m'avait dit qu'elle en avait deux. Pas bien, dit-elle, l'une vivait avec la mère, la jalousait d'avoir des enfants, l'autre avait eu deux enfants.

Elle se mit tout de suite à me raconter en détail la mort tragique d'un fils de celle-ci. Et sa mère ? ai-je dû demander. Elle était folle, elle avait perdu la tête, elle n'était pas bien ; et avant ? avant non plus elle n'était pas bien, elle n'avait jamais été bien. Je ne lui ai plus rien demandé, je savais maintenant un peu. « *I am unhappy*, dit-elle, *I am an unhappy woman* » (Je suis une femme malheureuse). Son père, oui, il avait été très bien, il était mort jeune, trop jeune ? Il était cordonnier. Je lui ai demandé son nom de famille pour pouvoir lui écrire à Noël. Elle me le dit, c'était un nom simple, je croyais le retenir, je n'avais pas de crayon, je la raccompagnai vers sa maison. Je l'oubliai. Je l'ai oublié presque, pourquoi ? Ne m'aurait-elle « servi » qu'à passer un moment ensemble, bon, ça, c'est réciproque, mais ensuite ? Et est-ce équitable d'écrire cette histoire ? De montrer, c'est-à-dire d'avaliser mon regard sur elle, même si cela reste dans un anonymat complet ? Et moi, lui aurais-je servi à quelque chose d'autre qu'à ces moments passés ensemble ?

Plus je suis seule

Plus je suis seule, plus je suis bonne. Plus je suis seule, plus j'achète à manger, plus il y a de morts, plus il y a de nourriture, et plus je suis seule et plus il y a de morts, plus ils sont là, à la fin, cela devient fatigant, je ne peux plus me les cacher, et l'amas de nourriture me fait resurgir l'amas de cadavres.

Plus je suis seule, plus je fais de la cuisine.

Plus je fais de la cuisine, plus je mange, plus je mange, plus je grossis. Moins je suis maigre, moins je suis morte, moins je suis morte, moins je m'aime.

Plus je suis seule, plus je fais du bien, et cela dure depuis longtemps déjà. Je remplis les frigidaires et les poches de mes enfants. Je téléphone à mes amies en détresse, quel bonheur ! – pas de leur détresse, de mon utilité, enfin... Elles me téléphonent maintenant d'elles-mêmes. Je suis disponible. En toutes circonstances, j'ai toutes les adresses, tous les circuits, je sais où les trouver très vite. Au besoin, en cas d'urgence, je suis là. Je suscite l'estime et l'admiration des uns et des autres. On me donnerait bien la croix. Laquelle ? Celle qui sauve, celle du mérite, oui, celle que j'ai eue vraiment, quelques mois après mon arrivée en France, à l'école communale, comme meilleure élève de la classe : il fallait vite apprendre, bien convenir, plaire à tous, heureusement que mes yeux de petite fille vive sont là, sur la photo.

C'est comme quand mon ménage, qui n'en est pas un, vacille et que je me mets à acheter de nouveaux plats, casseroles et moules à tarte alors que cela fait des années que seuls mes enfants et une ou deux amies viennent à la maison et que j'ai bien assez de vaisselle jusqu'à ma mort. Il ne manque jamais plus rien à la maison – de nourritures ou de choses. Avant que cela ne manque, j'achète (sauf les draps, mais j'aurais tellement voulu en hériter que je suis arrivée à en acheter d'anciens d'occasion). Ainsi, je suis allée chez les Chinois pour acheter deux trois filets de citrons en sortant du travail et je suis ressortie avec 150,20 francs de fruits et de légumes : trois grands sacs en plastique bleus, et comme la veille j'étais déjà rentrée du marché avec trois paniers pleins et qu'à ce moment-là j'étais seule, je me suis sentie – une fois le moment de l'excitation d'acheter, de remplir, de tout avoir, passé – mal, un peu perdue même avec tout cela.

Est-ce si terrible, toute cette quantité de nourriture qui déborde ? Et d'abord où ranger tout cela ? Les deux frigidaires, le garde-manger, le congélateur bien sûr étaient pleins.

Alors j'ai ri. Je sais bien que ceci ne remplace pas cela, mais c'est au moins quelque chose ; ma tante Lola, celle qui m'a sauvée, m'avait dit que deux enfants, c'est déjà quelque chose – un ce n'est rien, son unique fille à elle était morte à quatre ou six mois.

Non, personne ne manque, ils peuvent venir tous, s'asseoir à table et manger à leur faim, autant qu'ils veulent – les miens, ceux que j'ai connus, ceux que je connais, et d'autres aussi.

Ils sont en fait tous là, puisqu'il y a de la nourriture pour tous.

Post-scriptum trouvé dans un de mes carnets, même suite, des années après, 2001 :

Moins on me donne, plus je donne.

Moins on me donne, plus j'ai l'espoir de recevoir.

Plus j'ai l'espoir de recevoir, plus j'ai envie de recevoir, plus j'ai envie de recevoir, plus je donne.

Plus je donne, moins on me donne, puisque je donne, et que plus on reçoit, plus on a envie de recevoir.

Quoi qu'il en soit, l'envie de recevoir est sans fin – *ein sof* en hébreu, et dedans il y a de l'espoir.

Et puis, je parle, mais qu'est-ce que c'est, donner ? Qu'est-ce que c'est, recevoir ? De la solitude de l'être humain. De la vie. Du *potlatch*. Du commerce. Lequel ?

Indigo – plaid –
couverture grise – tissus

Il y a longtemps, alors que j'étais encore étudiante, j'ai vu à l'hôpital une jeune fille, noire, malade, qui, sous les draps était enroulée dans un grand pagne indigo et blanc. Je crois bien qu'elle avait une chemise dessous, ou peut-être pas, je ne sais plus très bien. J'ai été frappée par son regard triste, son air un peu absent, la forme souple de son corps, et plus encore par ce tissu bleu tout autour d'elle, seule chose dans cette chambre qui semblait faire partie d'elle, lui être douce et familière comme si ce tissu était sa maison, son pays, sa mère. Et moi qui n'ai ni maison, ni pays, ni mère (je ne sais si c'est avant ou après avoir vu la jeune fille), j'ai acheté à un ami qui, lui, avait voyagé et dont j'enviais un peu la femme d'alors, un grand pagne indigo et blanc venant, je crois, du Mali. La couleur surtout, mais le dessin aussi, que je ne saurais décrire, me ravissaient, je ne cherchais pas pourquoi. C'est la seule chose que j'ai achetée. J'avais déjà dans mon bureau une photo en couleur, à laquelle je tiens beaucoup, qui m'avait été donnée après avoir été choisie parmi d'autres à mon travail, d'une femme noire vêtue d'un pagne bleu et tenant un enfant endormi dans les bras, la tête de l'enfant repose doucement sur son épaule. Plus tard, quand je partais à la mer avec mes enfants petits, j'emportais le tissu avec moi et m'allongeais souvent dessus sur le sable. Puis, peu à peu, il m'est devenu de plus en plus cher, bien que le bleu n'en soit plus aussi intense et qu'il vire un peu au marine. Il a des usages divers le jour et la nuit, ce qui répond pour moi à l'une de mes aspirations les plus profondes : porter les mêmes habits pour sortir, pour dormir, en été, en hiver, de jour et de nuit, naturellement, sans pour autant que cela se voie ou paraisse monacal. J'y parviens parfois, cela demande beaucoup d'idées et de recherches. Il faut dire que là, avec le pagne, ce n'est qu'une demi-réussite puisqu'il ne s'épanouit que l'été, et encore, mais jamais au travail. Quand je trouve vraiment un habit qui remplit toutes ces fonctions, et cela arrive, c'est pour moi un grand plaisir et un petit pied de nez aux principes, à la société, au temps. Rien ne change, tout continue.

Maintenant je ne pars pas en voyage, même trois jours à l'hôtel en automne, sans prendre ce tissu avec moi. Au début je trouvais cela un peu drôle. Puis je ne me suis plus posé de questions, je l'emportais. Et puis cet été, en m'enroulant dedans sous les draps, en m'en couvrant, en m'en servant comme d'un pagne, comme d'une jupe, en vivant avec, en écrivant aussi cette histoire, j'ai compris qu'il était devenu pour moi aussi ma maison. Ainsi, moi, femme mûre venant de Pologne, si loin de l'Afrique, si loin du Mali, je me trouvais proche de cette jeune fille aperçue il y a tant d'années et dont l'image est restée dans ma mémoire alors que si peu d'images me restent. Ma sympathie allait vers elle, frêle et un peu perdue dans un pays étranger, mais j'ai aussi eu envie de la certitude qu'elle montrait ainsi par ce tissu : elle savait d'où elle venait, elle savait, elle, où était sa maison, son pays, sa mère. Et moi, grâce à elle, je me suis fait une maison qui m'accompagne partout, qui peut prendre l'eau, le soleil, les années, les bouleversements.

Le tissu est devenu doux comme les vieux langes que sucent les bébés et dont ils se frottent la joue et le nez, doux comme leur peau toute neuve, et l'homme qui me l'avait vendu est devenu des années après très proche.

Alors que je pensais à tout cela très tôt ce matin – la lumière à peine levée était transparente –, les franges de la couverture de mon lit m'ont gratté un peu le visage. C'était en Grèce à la fin de l'été, aux délicieuses journées chaudes et aux nuits fraîches, et le mot *kotz* a surgi. Pas étonnant, puisque le village que nous habitons, ou plutôt le village d'en haut, dont dépend notre maison isolée sur le rivage et où il y a trois jours nous avons failli périr dans une terrible tempête venue de la mer, et dans d'énormes et soudaines inondations venues de la terre (huit personnes surprises dans leur sommeil y ont perdu la vie, emportées par l'eau et la boue dans la vallée d'à côté), s'appelle Kotsikia.

Les flots déchaînés de la mer se précipitaient de plus en plus vers nous, des pluies gigantesques pleines d'éclairs se déversaient des cieux, des eaux furieuses descendaient de la montagne, creusant en moins d'une heure de chaque côté de la maison de nouvelles rivières aux lits profonds (les nôtres étaient mouillés depuis longtemps). Les violents remous poussés par le vent inondaient la véranda et les chambres, charriaient de grands arbres déracinés, de lourdes plaques de béton. D'un côté, l'une d'elles, en s'élargissant de plus en plus, se rapprochait dangereusement de la maison. Nous étions – nous étions deux – entourés de toutes parts et nous regardions effrayés et impuissants la violence et l'avancée des eaux à la lumière des éclairs et de torches électriques. « Catastrophe », disaient les Grecs, c'est le même mot dans les deux langues – catastrophe en hébreu, c'est *shoah*. Pas étonnant non plus, puisque le mot *koc* en polonais veut dire « couverture » et que la couverture m'a grattée au réveil. Pour moi *koc* c'est plutôt une couverture écossaise pas très grande, chaude (comme celle qui est sur le lit ici), en français curieusement ou en tout cas dans celui de ma famille d'adoption, on l'appelait « plaid » (de l'anglais sans doute). Quand je suis arrivée en France, à neuf ans et demi, il y avait chez mon oncle et ma tante un plaid – que je prenais pour un mot français, langue que j'apprenais alors à toute vitesse – écossais bordé d'un biais en cuir, vestige d'une splendeur passée. Mon oncle s'en couvrait pour faire la sieste, un « *dzim* », un « somme » (du polonais ?), disait-il. Il était vieux déjà, puis il a disparu, à mon grand regret – comme mon tablier à col rond et à carreaux mauves et roses. Je l'aimais bien, mais bien moins qu'une banale couverture en coton grise que j'ai pu sauver et qui ne grattait pas, elle, bien que provenant peut-être de l'armée, et que je garde toujours. Elle, elle reste à la maison, et selon les saisons, je m'allonge dessus ou m'en couvre, les jours et les nuits où j'ai un grand besoin de consolation et d'ancienneté – le tissu bleu, lui, sert aux voyages. Il se peut bien que les deux mélangés, le plaid et la couverture grise, représentent pour moi quelque chose d'un autre temps, ancien, d'avant ou de pendant la guerre quand j'étais encore avec mes parents toute petite. Il y avait sans doute un *koc* à la maison, mon père m'y aurait enveloppée même pour me transporter à la hâte dans le froid peut-être, d'un endroit à un autre, c'était un temps où l'on changeait souvent d'endroits. Ou bien ma mère. Et ce serait la sensation de protection oubliée que je retrouve dans ces tissus même si les personnes qui me protégeaient vraiment sont mortes depuis longtemps.

Oui, j'imagine maintenant un peu pourquoi il m'importe tant d'emmener, chaque fois que je pars de la maison, ce bout de tissu, et de pouvoir m'en envelopper, et puis j'aime les habitudes, sans doute pour les mêmes raisons, et puis j'aime les tissus. Et puis, j'ai aussi une couverture de laine tricotée à la main au point de mousse par je ne sais qui, achetée au marché d'Aligre, faite de grands carrés gris clair et gris foncé cousus ensemble, et que j'aime aussi. Elle est maintenant à moi, elle a aussi un usage particulier et si j'en parle encore, je vais tout emmêler. J'aime tous les beaux tissus – c'est-à-dire ceux qui me plaisent –, ceux que je ressens comme teints ou tissés à la main par des femmes qui ont une maison.

Tisser, coudre, broder, teindre, cela a été pour elles une continuité que je reconnais même si elle n'est plus la mienne. Avec les tissus je me sens bien, même s'ils sont anciens ou précieux, ils ne m'intimident pas (les tableaux à la maison, si), il y a des générations de femmes derrière eux, ils protègent, tiennent chaud, c'est en quelque sorte ma généalogie et elle peut tout aussi bien être lointaine et noire.

À la maison, chez moi, c'est de beaux tissus que je recouvre les tas de mon désordre noir. Il est vrai cependant que le désordre reste.

Il est temps

« Il est temps d'utiliser l'argent que papi a mis sur le livret de Caisse d'épargne », m'a-t-il dit alors que je m'inquiétais de quoi il vivait en ce moment. Quelques jours avant, lors d'une grande réception dans la famille, il avait mis une veste beige de son grand-père, ses longs bras dépassaient, ses cheveux roux et drus allaient bien avec. Il me dit : « Tu vois, regarde, il y a des petites taches, c'est quand il mangeait, et puis il y a des médicaments aussi dans une poche. » Et il a commencé à chercher. J'ai pris les comprimés. C'était pour le cœur. C'était un peu trop pour moi. Je les ai perdus tout de suite.

Mon oncle était mort depuis deux ans. La veste n'avait pas servi depuis. Il me manquait plus encore qu'au début, discrètement, comme il avait vécu. J'ai embrassé mon fils qui m'avait parlé. Il était grand, tellement plus grand que moi. J'étais seule. Je suis partie en voyage pour quelques jours chez une amie très chère, assez loin. Quand, pour une promenade, j'ai pris mes chaussures de marche, celles que j'avais appris à porter grâce à mes fils quand elles étaient devenues trop petites pour eux, un peu de sable en est tombé. C'était du sable de cet été, du mois d'août passé ailleurs avec l'homme auprès duquel je passais toutes les vacances depuis quatre ans. Cet automne, nous sommes partis séparément, lui d'abord, aucun des deux n'ayant l'adresse de l'autre. Le sable était là. Je n'ai rien dit. Il n'y avait personne. L'amie très chère travaillait. Et puis il n'y avait que très peu de sable dans les chaussures. J'ai passé ensuite l'après-midi dans le soleil chaud, le corps presque nu, heureuse. Plus tard, alors que le soleil se couchait, magnifique, sur la mer, j'ai pleuré un peu. Bêtise, quelle importance, moi. La mort, aimer, vivre.

Quand mon oncle est mort, j'ai trouvé plusieurs jours après dans le frigidaire du *koper*, une herbe aromatique que je mets dans les cornichons au sel (« aneth ») et que j'avais achetée chez les Chinois avant sa mort, un bouquet pour chez lui, un bouquet pour chez moi. Il aimait le *koper*, sur les pommes de terre à l'eau avec du beurre. Le vert était vif encore – ça m'a fait drôle. Je l'ai gardé longtemps, jusqu'à ce qu'il jaunisse et ne soit plus utilisable. Maintenant, j'y pense chaque fois que je vois du *koper*, pas très souvent.

Depuis cet été, j'ai fait deux fois des cornichons au sel dans lesquels j'ai mis du *koper*. C'était pour l'homme dont j'ai parlé tout à l'heure, il les appelle *pickles*, à l'américaine, sa sœur a même écrit un livre de cuisine où la recette se trouve. Les deux fois où je les ai ratés, il n'était pas là.

Les cornichons n'ont pas bien tourné, ont un peu pourri, n'ont pas pris leur goût, le *koper* n'a servi à rien. Le marchand de harengs, auquel j'en parlais (nous sommes de la même origine), m'a dit que je les avais trop lavés ou bien qu'ils n'étaient pas de bonne qualité : « Si vous m'en apportez un, je vous dirai exactement ce qui ne va pas. » Avant. Avant quoi ? Je les réussissais toujours.

Pauvres humains

Pauvres humains si malhabiles les uns à l'égard des autres, comme de gros éléphants un peu grotesques ou des scarabées peut-être, lourds, essayant vainement de remuer les pattes, esquissant une parade nuptiale perdue d'avance, voulant tant se protéger et aimer l'autre à la fois, ne voulant rien perdre et rêvant à la générosité, pourtant je vous aime tendrement au jour le jour avec vos folies, vos mesquineries, avec votre grandeur. Il ne me reste que cela si je ne veux pas disparaître, pas de choix, sauvegarde, bonheur, ne seraient-ce que des parcelles de bonheur.

Possibilités sans fin de cette nature humaine joyeuse, désespérée, fastueuse, bonne, mauvaise. Je plonge en toi, lyrique et modeste. Parle de pommes de terre et de carottes avec la dame de ménage, elle ne parle que l'espagnol, elle est chez elle, moi pas. Nous nous comprenons, c'est presque comme l'amour, presque seulement, je ne me perds pas en elle, je suis avec elle. Elle est grosse, elle est habillée de noir, moi aussi dedans et dehors aujourd'hui. Elle a un trait de rouge à lèvres très rouge qui déborde de sa lèvre (coquetterie), elle a perdu son mari l'année dernière, elle ne mange plus, me dit-elle, elle a perdu dix-neuf kilos, elle était très très grosse, « le chagrin », et les larmes ont coulé, immédiates et vraies. Puis elle a soulevé le couvercle de la casserole où mijotait un long rôti de porc pour le déjeuner de la Toussaint – les morts aussi doivent sans doute manger – pour me le montrer et tourner la sauce, et, aussitôt satisfaite, un sourire a enveloppé son visage. Elle aime venir ici, dans cette grande maison face à la mer. Elle passe d'une pièce à l'autre dans un ordre connu d'elle seule. Elle repasse plusieurs fois aux mêmes endroits en balayant les sols de marbre blanc et propres, luisants déjà, et y trouve encore quelques poussières et cheveux qu'elle laisse stagner un peu en petits tas dans les couloirs et au milieu des pièces avant de les ramasser. Elle m'appelle « madame », pourquoi ? Elle est allée à l'école avec mon amie dans cette ville, elles ont le même âge.

Je viens de lire un livre d'un homme d'un autre pays (Suisse alémanique), je suis encore profondément avec lui, mêlée à lui, je suis à lui – pas faute d'un autre –, il s'est donné en écrivant, l'a voulu au plus profond, et, je l'entends, il a fini sa vie de longues années à l'asile. « Pauvre poulet », dit-il d'un être humain, et moi, je reprends avec lui : « Pauvre poulet... » Pauvres poulets de nous. Et nous ne sommes pas seuls, et nous ne sommes pas que ça. Pauvres poulets.

Les chaussures que je porte me conviennent, je ne les sens pas aux pieds. Je les ai grâce à une vieille dame chinoise. Elle en essayait dans la rue en plein centre du sixième arrondissement à Paris, les sortant d'un carton posé par terre sur le trottoir devant l'étalage d'une épicerie chinoise où j'achetais de la menthe, de la coriandre, et du *koper* frais. Je me suis approchée d'elle pour regarder. Et elle m'a dit spontanément (elle parlait à peine le français) que ces chaussures étaient bonnes, solides, et pas chères, et moi qui ai tellement d'argent pour des chaussures maintenant, ce conseil m'a émerveillée et j'en ai aussi acheté. J'ai dû sortir toutes les paires du carton et j'ai failli ne pas en trouver à ma taille, bien que mes pieds ne soient pas très grands, ils le sont plus que ceux des Chinoises, même de maintenant, et les chaussures étaient fabriquées pour elles ailleurs, à Hong Kong ou à Taïwan. Elles coûtaient trente-cinq francs, de très épaisses semelles de mousse un peu orangée et un filet noir sur le pied, un peu comme celles des acteurs des drames antiques, elles grandissaient tout de suite la femme. Elles ne sont pas belles. Elles ne me plaisaient pas d'abord, mais j'ai été récompensée de ma confiance tant elles sont pour moi parfaites et équilibrées. Grâce à elles, je pense assez souvent à la vieille dame avec gratitude. En ce moment, elles me consolent et à défaut du cœur, j'ai au moins les pieds légers. Le tout, c'est de prévoir quand même qu'elles ne seront pas éternelles et que mes pieds eux aussi peuvent changer.

J'ai eu une amie chinoise, non elle était vietnamienne, au lycée, elle s'appelait Kim. Elle avait perdu presque toute sa famille comme moi, nous n'en parlions jamais, mais nous parlions beaucoup. Ceux qui restaient, des frères, tenaient une teinturerie rue de la Tombe-Issoire, je n'y suis jamais allée mais je me rappelle très bien le nom de cette rue. Nous riions beaucoup ensemble en mangeant des ailes, des pattes et des cous de poulet au riz, du « riz pilaf », au petit restaurant où nous allions déjeuner parfois (il n'y avait pas de places à la cantine), mais ça prenait beaucoup de temps : nous nous étions fait un point d'honneur de ne pas y mettre les mains. Comme on disait alors que les poulets étaient élevés aux hormones et que les hormones étaient réputées être stockées dans le cou, nous nous demandions toujours en riant ce que nous allions devenir avec tous ces cous, et si notre voix ne deviendrait pas grave. De notre gravité nous ne parlions jamais. Avec le reste de l'argent, et surtout les jours où nous sautions les repas, nous allions écouter de la musique en haut du boulevard Saint-Michel, chez Chanteclair, on mettait un jeton, un casque, et une cantate de Bach surgissait, *Que ma joie demeure*, c'était l'ancêtre du Walkman. Nous étions insouciantes, depuis nous avons disparu l'une pour l'autre, mais son rire, son visage rond, ses cheveux noirs et courts m'appartiennent. Elle m'avait donné la photo d'un bébé, sa nièce, m'avait-elle dit. Drôle d'idée. Je l'ai toujours. Et si c'était le bébé qui s'appelait Kim ? C'est marqué derrière la photo. Je vais la chercher un de ces jours. Et si c'était le bébé, alors elle, mon amie, comment s'appelait-elle ?

Et la nourriture chinoise, pourquoi je l'aime ? En ce temps-là, je ne la connaissais pas du tout, je l'ai connue plus tard, comme tout le monde, tout le monde de mon milieu. Et pourquoi je parle des femmes chinoises aujourd'hui ? Et avec qui suis-je allée souvent au restaurant chinois ? Assez, ça suffit, plus de casse-tête chinois ou autres, du calme, un sourire devant une casserole.

Pieds de table

Pour écrire, pour devenir un écrivain, il ne me manque plus que les pieds de table.

« Des pieds de table ? » Oui, oui, j'ai tout, je suis prête, des crayons, un grand échantillonnage avec taille-crayon à l'appui, du papier, plusieurs kilos de diverses variétés (comme des pommes de terre) dans différents endroits de la maison pour cause de désordre ou de vol éventuel, des stylos : une collection bien en cours, comme mes projets d'écrire d'il y a plusieurs années déjà. Quelques belles pièces, du genre Waterman 1923 à plume rentrante qui ne fuit pas, abandonnées pour plus de discrétion au profit des Pilot Hi Tecpoint V5 à pointe extrafine, japonais, dont j'ai toujours une réserve, bien sûr, en noir et en bleu, selon l'humeur, et sur lesquels on peut voir le niveau d'encre restant et être ainsi convaincue en fin d'usage de la nécessité de le jeter, ce qui pour moi est toujours difficile, pour tout, de même que pour les sentiments anciens.

En effet, comme je suis aussi un peu modeste pour certaines choses, et surtout vieux jeu, et que les boutons (ceux de toutes les machines, pas ceux des habits) me font peur, j'ai renoncé malgré les conseils de plusieurs amies au traitement de texte, Macintosh, bien sûr, mode et commodité exigent. Mais apparemment, j'ai tout ce qu'il faut pour devenir un écrivain, pour m'arracher à l'anonymat, passer un peu à la postérité, pour vivre vraiment avec les mots au moins à défaut d'autres choses, aligner une phrase après l'autre, devenir quelqu'un, quoi, mais voilà, il me manque les pieds de la table.

« Votre table n'a pas de pieds ? »

Mais si, quand même, j'ai même plusieurs tables. Mais voilà, ni celle de la cuisine, sur laquelle j'aime vivre mais où le bruit du vieux frigidaire est trop fort pour écrire, ni celle de la salle à manger, trop envahie de papiers et aussi du bruit de la rue qui passe devant, ni dans ma chambre, où mon bureau à tiroirs cassés de petite fille de la rue de Turenne, inaccessible parce que trop près du mur, ne me conviennent.

Celle qu'il me faut, celle qu'il me faut vraiment pour pouvoir écrire, pour arracher mes mots au silence, pour que du fromage n'envahisse pas ma tête dès que je prends la plume, ce pourrait être une table de la maison, celle de mon minuscule bureau, là, oui, tout serait parfait, mais voilà, les pieds de cette table sont trop courts, donc la table trop basse, donc très vite j'y suis mal, et même j'ai mal au dos, alors pour écrire, encore impossible. Alors, alors il faudrait changer les pieds de table. (Et pourquoi ne pas me changer moi, et pourquoi pas le monde, aussi ?) Oh ! peut-être suffirait-il de les rehausser, j'ai essayé en envisageant ces porte-pieds en verre épais qu'on met dans les belles maisons pour ne pas abîmer les beaux tapis et les belles moquettes, mais les pieds sont trop fins et je ne gagnerais que deux ou trois centimètres quand il en faudrait plus. C'est une table un peu ancienne, le seul meuble de famille, je n'ai pas d'héritage, et peu de famille, pas d'héritage d'objets, d'autres choses oui, certes : de folie, de tristesse, de judéité, de harengs. Je l'avais prise à ma tante lors d'un déménagement : elle n'en voulait plus (comme d'ailleurs l'affreuse armoire avec une grande glace de ma chambre, rien ne doit se perdre). Elle est ronde et se plie. Il faudrait donc changer les pieds (les miens aussi, un peu trop vieux), mais ce ne serait plus la même table, conviendrait-elle alors toujours ? Et je ne sais absolument pas si ce genre de choses peut se faire, et où, et puis je n'ai ni le goût ni le temps de m'en occuper. Alors, ce qui serait le plus simple, ce serait d'acheter une autre table, mais alors où mettrai-je celle-ci ? Et puis quelle table ? Et comment la trouverai-je ? Je n'ai aucune habitude de trouver des tables. La ville m'est absolument inconnue de ce point de vue-là, déjà que j'ai du mal à sortir pour des choses que je connais un peu, alors pour une table ! Je sais, il y a des magasins de tables en dehors de la ville, mais alors il faut prendre la route, l'autoroute même, j'en connais un où je suis déjà allée une fois il y a quelques années et où je pourrais retourner éventuellement, mais ce n'était pas pour moi, même si là, j'avais pu le faire. Non, décidément c'est trop difficile, voire impossible, je ne serai jamais un écrivain faute d'avoir les pieds à la bonne hauteur (et mon nez, à quelle hauteur est mon nez, et pisser plus haut que son nez, c'est quoi faire pour moi, écrire ?). Oui, c'est bien ça, et puis c'est assez consolant de penser comme ça, c'est même vraiment consolant.

« Mais vous écrivez en ce moment. »

« Oui, c'est vrai. » Et avec le petit sourire penaud de quelqu'un pris en faute : « Je me suis arrangée, juste là, pour cette histoire. Mais le problème, le fond du problème, il reste entier, je m'en arrange plus ou moins bien, plutôt mal, comme je peux. »

Mais il ne suffit pas de pieds de table, avec de l'aide et quelques encouragements, j'y arrive un peu plus ; j'ai libéré maintenant trois tables dans la maison : celle de la salle à manger, le bureau dans ma chambre, celle de la cuisine, et je passe de l'une à l'autre comme une puce instable, ou un écureuil peut-être, mais voilà, cela ne suffit pas. Ainsi, avant de commencer à écrire il m'a fallu tout faire : le marché bien sûr, voler une branche de fleurs roses dans le bois en face, acheter des épinards, parler avec ma copine, téléphoner à l'homme qui vit ailleurs, me laver les cheveux, les dents, pulvériser la mycose de mon gros orteil, manger un peu, pas étonnant que je produise peu, pas étonnant plus encore que je ne sois pas un grand écrivain, pas étonnant que je grossisse. La constance, l'acharnement, le courage pour écrire, rien pour moi, pas étonnant que je ne fasse que survivre et ne vive pas vraiment et pourquoi ne me contenterais-je pas de lire les écrits inépuisables des autres, ce que je fais d'ailleurs copieusement aussi ? La vie par les livres. Mais quand j'y arrive quand même un peu, je suis bien contente d'écrire.

Papiers, papiers, papiers, je ploie sous les papiers, sous les kilos de papiers et maintenant qu'il existe les photocopies, c'est pire encore, non seulement je ploie sous les papiers mais je ploie en plus sous les photocopies des papiers – *Papieren*, en allemand, non juste papiers.

Que mes œuvres immortelles se perdent, envisager seulement cela, quelle horreur, quelle indifférence. Elles sont étiquetées dans des chemises, des sous-chemises avec des coins et des trombones, des agrafes, il n'y a presque aucun risque, presque, parce qu'il y a le désordre, c'est-à-dire que malgré tous les procédés de rangement il n'y en a aucun, ce qui fait aussi qu'il y a les photocopies en plusieurs exemplaires (comme de certains livres achetés et même rachetés parmi d'autres). Je perds tant de temps à les chercher, à les classer afin de les jeter ou de les garder, à les mettre ensemble, à les photocopier et, c'est la même histoire que celle de la hauteur des pieds de table, tout me sert à m'empêcher d'écrire, tout, pas le manque de talent pour sûr !

Le stock de papier blanc, acheté, ou bien « pris », c'est-à-dire volé, envahit ma vie, par son attente, par son volume, son inutilité, par son ridicule. La page blanche multipliée par deux mille, en plus des doubles, et des photocopies, et qu'en faire, un livre ? Un livre de plus en librairie. Me montrer aux autres telle que je suis. Eh ! regardez-moi et prenez-moi et aimez-moi, c'est moi : pouah ! Non, non, pas toujours ; parfois un sourire doux, agréable à regarder, à entendre aussi, à lire même.

« Merci infiniment »

« Merci infiniment », ai-je dit en partant à la grande dame plus jeune que moi qui portait un chapeau pour se protéger d'une allergie au soleil et qui nous avait invités chez elle au grand repas annuel du 15 août sous les arbres de son jardin (je lui avais déjà apporté des livres que j'aimais en cadeau).

« Merci infiniment », ai-je dit, et j'ai tout de suite eu honte d'avoir prononcé ces mots. Honte de cet « infiniment », honte d'avoir été reconnaissante, honte de souhaiter faire partie un moment de ce monde, alors que le mien était aussi celui des morts, honte de dire merci. Nous étions (je n'étais pas seule, mais cela était un peu faux aussi) cependant arrivés en retard : on ne nous avait invités que la veille sans nous avoir précisé l'heure. En route, nous avions même traîné pour ne pas être trop en avance. On nous a assis à part avec des employés dont nous ne parlions pas la langue. L'agneau rôti était froid et nous souriions platement. Le repas s'est passé, gras et insipide. À la grande table, tous semblaient joyeux, je les enviais alors que c'était une apparence : riches et pauvres étaient presque mêlés mais j'ai su par la suite que ceux de l'usine venaient de perdre leur travail. Les touristes que nous étions avaient dû pour arriver faire un grand détour, les routes à l'extérieur de la maison ayant été coupées par des barrages en signe de protestation contre la fermeture de cette usine qui faisait vivre toute la région. Les gens de la maison possédaient, eux, les terres.

J'étais sans doute, aux yeux de mes voisins de table, privilégiée – « amie » de la maîtresse de maison et touriste –, alors que moi, j'aurais juste voulu être comme eux, juste chez moi, dans mon pays (bien que je dise détester tous les nationalismes). Et puis je me posais d'autres questions aussi, quant à ma place ici. Pourquoi m'avait-on invitée, pourquoi m'étais-je précipitée pour dire oui ? Pour ma place, pour le badge, voire pour une estime professionnelle. Je travaillais ailleurs, dans un autre pays, dans le même lieu que la grande dame, mais elle ne pouvait plus rien attendre de moi : j'avais été, peu avant, mise en question comme pouvant être renvoyée de cette place, un peu comme ceux de l'usine, si ce n'est que j'avais, étais, chef – quelle idée ! Les répercussions sur notre vie quotidienne, nos besoins, n'avaient rien de comparable. Ce qui l'était, c'était l'injustice du pouvoir, l'impuissance face au pouvoir.

« C'était pas lui rendre service », avait dit une autre grande dame (phrase que j'exècre parce qu'elle sous-entend que ces « grandes dames » savent ce qui est bon pour elles, les autres, sont bonnes pour être à leur service et ne sont pas, elles, dans leurs tâches banales, de « grandes dames »). Plus tard, j'ai commencé à savoir que je ne voulais ni pays, ni pouvoir, ni attaches – pour les attaches affectives, pas sûr ! Juste essayer d'être, d'être moi, un *mensch* : un être humain, un peu.

Mais là mes yeux étaient brouillés, toute clarté en avait disparu, et je ne sentais que le malaise. J'avais échappé au massacre de mon monde, et tous les autres mondes m'étaient devenus étrangers. Tous, sauf ceux des livres et ceux où je pouvais comprendre, aider, sauver, et aussi, parfois, ceux dont il m'était possible d'admirer la beauté. Tous, sauf ceux des sentiments.

J'ai éternué. Par la porte entrouverte de l'autre pièce est venu un « tu as froid ? » Le bonheur, quelqu'un faisait attention à moi, me demandait si j'avais eu froid, et puis la dérision intense, brutale face à cette attente grotesque inassouvie, à en rire à en pleurer, à en écrire au kilomètre.

Des pas dans l'escalier alors que je n'attends personne. Je frissonne presque, une crainte infinie, sournoise, 1990, j'habite un immeuble, il y a des voisins, c'est normal, des gens vont et viennent. Les pas, la crainte se répète, discrète, insidieuse. Je suis petite, cachée, seule dans mon lit à attendre mes parents qui doivent rentrer, je ne dois pas bouger, des pas, d'autres pas dans l'escalier, une caricature, ceux des Allemands ? Où vont-ils ? Où vont-ils s'arrêter ? À quel étage ? Là, je n'entends plus rien, un soulagement. La fenêtre est fermée, le froid est dehors. Tout cela en demi-teintes, gris, bleu sourd, même pas vert, lointain, mais je ne suis pas, je ne peux pas, être tranquille. Pourtant la maison me protège. Elle m'aime, elle. Elle est à moi. Elle est là. Toujours là. Pareille. Je peux compter sur elle, ni les départs, ni les dérobades, ni les séparations ne la concernent. Elle est immuable, fidèle, juste des peintures qui s'écaillent, l'électricité qui clignote, des machines qui tombent en panne.

Un jour, j'ai un peu compris pourquoi il faut être comme tout le monde, bien présenter, être comme il faut, avoir un homme à ses côtés, même de paille – quand j'étais petite, en Pologne, les hommes de paille, c'étaient les épouvantails pour chasser les oiseaux, maintenant, lui, il les regarde : *bird watcher*, regardeur d'oiseaux – des accessoires en tout genre, en somme. Des accessoires pour être comme elles, les autres, les autres petites filles avec leurs nattes bien raides, leurs robes bien claires et bien propres, un père à côté d'elles. Un père. Son absence. La honte. Inavouable. Ne pas en avoir un, à moi, un qui soit fort et qui puisse me protéger. À n'importe quel âge. Un homme. Une vie à continuer. Et la honte d'avoir dit « merci infiniment ».

Il y a des années je m'étais aperçue que je ne pouvais pas faire revenir, revoir, représenter en moi quand je le voulais les visages des proches, que je n'arrivais pas à les voir en y pensant. Puis c'est devenu possible, sauf pour les visages des gens que j'aimais, puis sauf pour celui de l'homme que j'aimais. Et puis dernièrement, tardivement, à un âge déjà presque ridé, je me suis enfin avoué combien la beauté des visages des hommes me touchait, combien elle m'avait été importante et le restait, et combien je pouvais continuer à aimer un homme aussi pour son visage, son regard, la forme de sa bouche, et alors, le visage doux, celui des rares photos de mon père, m'est apparu avec ses yeux profonds, les larges sourcils, ses cheveux sombres, un sourire à peine commencé, le calme de tout cela m'a entourée et j'ai été heureuse. Il était là et je le savais un peu.

Et puis aussi, depuis bien longtemps adulte déjà, j'avais remarqué qu'en des endroits inconnus, là où il y avait du monde, où je ne me sentais pas en sécurité, je me mettais près d'un couple tout naturellement. Je faisais tout ce qu'il fallait pour, alors qu'apparemment j'étais très indépendante, la plus indépendante même du groupe, vive, drôle parfois, même, mais moi, je savais que je me collais à eux comme une petite fille à ses parents et que ce que je voulais, c'était me faire aimer d'eux – cette place de parents que je tiens souvent aussi auprès des autres, histoire de changer de place, ce qui me manque. J'ai voyagé en Chine auprès d'un couple de mon âge, ils auraient pu être plus jeunes, mes parents l'étaient. Ils m'ont rappelée, invitée, je ne les ai jamais revus. C'est lors de ce voyage que j'ai perdu mon anneau « infini », dont j'ai parlé dans « Anneaux-bagues ».

Mes sœurs

Mes sœurs, ces femmes qui vont mourir comme moi et qui le savent ou qui sont mortes, se mélangent à moi et je ne sais pas pourquoi moi je vis. Et je ne sais pas quel sens peut avoir ma vie, alors que là encore je n'ai rien pu faire, alors qu'elles ne veulent pas, ou qu'elles n'ont pas voulu mourir, qu'elles me l'ont dit, me l'ont murmuré, me l'ont pleuré, me l'ont hurlé tout à la fois et selon les moments. Et une fois de plus je n'ai rien pu faire, et je suis restée là les bras ballants, une lueur d'affection, de compréhension, dans les yeux, un geste maladroit, une caresse ébauchée sur le bras, sur leur main, là avec elles, dans leur solitude.

Une fois, j'étais revenue de la mort avec ma mère, de l'Umschlagplatz 1942 (place de triage, Varsovie, 1942). Est-ce moi une mignonne toute petite fille, est-ce elle une belle femme, est-ce les deux ensemble, que l'officier allemand (peut-être est-ce un simple soldat, tout soldat avait pour nous alors le grade de celui qui décide) a fait passer à droite ; à gauche c'étaient les wagons pour la déportation. Mais après, la fois d'après, je n'étais plus là – on avait voulu surtout sauver l'enfant en la faisant passer de l'autre côté, du côté aryen – et elle, ma mère, était partie, à jamais, d'Umschlagplatz, je ne sais pas si c'était avec mon père (j'y avais été aussi avant amenée une deuxième fois avec mes grands-parents paternels, mon père était je ne sais comment arrivé à me récupérer, son père et sa mère, non). Et maintenant, elles, ces femmes, que je vois, qui me parlent, c'est ma mère, c'est moi, c'est nous qui sommes là. C'est impossible, c'est infernal, c'est pareil. C'est encore la même chose. L'impuissance. La mort. Personne.

Mais moi, mais elles, mais nous, les humains, hommes, femmes, enfants, nous qui avons senti, dit parfois notre malheur, ce poids insensé de la vie, ces interrogations, ces « pourquoi faire ? », ces sentiments d'inutilité, de fardeau, d'un vieux sac à dos trop lourd avec des sangles qui blessent et font plier les épaules, quand cependant, quand pourtant elle arrive, quand la mort arrive, c'est « Non, non pas encore », « Encore une, encore quelques années paisibles ». Ces années, cette vie contre laquelle ces femmes avaient tellement pesté, contre laquelle elles s'étaient tellement révoltées, tout, la société, le travail, les hommes, le corps trop pesant, les parents vieux et sourds, les enfants partis. Et elles disent : encore. Mais alors, là, au départ, à la dernière station, qu'est-ce qu'elles veulent ? Quels sont leurs espoirs ? Que tout recommence ? Que les déceptions s'effacent ? Que le bonheur arrive ? Elles, moi, saurons le prendre, l'attraper au passage, le ressentir, le vivre, le respirer, ou bien seulement la vie, comme une vie végétale, une fonction, un fait, une existence, un mouvement encore. Non, non, je ne crois pas, je ne crois pas, pour moi, ce n'est pas la peur de la mort, de ce passage, pas même de la souffrance, c'est juste au fond, au fin fond encore et encore une envie d'être, d'exister, de penser, de sentir, de goûter, de se mouvoir, oui, peut-être juste la différence, l'immense différence entre encore un mouvement possible et une immobilité totale.

À ce moment-là, à ce moment d'envisagement, les autres, les parents, les amies, les hommes, les enfants même n'existent plus, ce n'est pas pour eux, ce n'est pas pour leur bonheur, ce n'est pas pour leur chagrin que cet extraordinaire désir de vie émerge, c'est là un moment de vérité. Laquelle ? Pour qui ? Juste pour soi, animal ? Non, pas même, juste vivre.

Alors tous les écrits, tous les dits, toutes les discussions, toutes ces salades, ces citations sur les camps, « l'homme est un loup pour l'homme », sur la perte de la dignité, sur la lutte acharnée pour survivre ; oui c'est ça, c'était ça, c'était comme ça, rien que pour être vivant. Alors qui, comment quelqu'un pourrait-il remettre cela en question, critiquer ? C'est un constat, un fait – une beauté même si la beauté a encore cours ici – un cadavre, un cadavre encore debout, ou couché déjà, dont les yeux regardent intensément et qui veut vivre encore.

Alors moi, devant ces femmes qui vont mourir devant moi et que j'entends et que j'écoute, je n'ai pas à avoir honte de vivre.

L'homme...

L'homme avec lequel je vis vit ailleurs de l'autre côté de la mer, pas très loin, c'est ainsi. Il est là et moi aussi, cela suffit presque, mais cela suffit quand même. Ce n'est pas aussi bon que du bon pain, du bon pain, j'en ai rapporté de chez lui, un peu brun, doux et rugueux, qui se garde bien ou qui rassit peu ; comme on préfère. Le bon pain, c'est bien plus simple, sauf que de nos temps ça fait grossir.

Le fait que lui existe même au loin, c'est bien, c'est pas mal, c'est quelque chose, c'est bien mieux que rien.

Et puis comme ça, on ne risque pas de se manger l'un l'autre, mais peut-être qu'on ne se goûte pas pleinement non plus. On reste sur sa faim. C'est mieux ? Paraît-il qu'on ne peut pas tout avoir, et puis comme chacun sait, tous les goûts sont dans la nature.

La nature, la mer (sa maison donne sur), les arbres (on les voit de la mienne), les petits oiseaux (il les observe), après tout, je m'en fiche complètement (ou presque), ce que j'aime, c'est être dans ses bras.

« Oui mais pas tout le temps, parce qu'alors j'aurais les deux mains occupées et comment ferais-je pour écrire ?

– Oui mais pourquoi écrire ?

– Parce que je ne suis pas, tant s'en faut, tout le temps dans ses bras, et comme il faut bien s'occuper les mains, l'une peut écrire en tenant un stylo ou une pointe Bic, et il reste l'autre, même les deux (parce qu'on ne peut faire que rarement deux choses importantes à la fois) pour faire (comme je ne sais pas faire du bon pain) des gâteaux. »

Mais comme les gâteaux font encore plus grossir que le pain et que de plus j'aime bien les faire, mais pas les manger, il me faut donc trouver quelqu'un pour manger les gâteaux (mes enfants sont grands et ne sont plus assez souvent là pour ça), à moins que je ne fasse des cakes et ne les envoie par la poste à l'homme qui vit ailleurs : *fruit cake*, américain comme lui (les Américains ayant libéré la France), avec plein d'ingrédients compliqués et dont la recette commence par *« mix with hands in a big bowl adding one ingredient at a time »* (mélanger avec les mains – vous voyez – en ajoutant un ingrédient à la fois, il y en a vingt), recette qui m'a été traduite en détail par ma chère amie américaine (voir la parenthèse plus haut), qui tape mes histoires et aussi grâce à laquelle, un peu, j'écris.

Mais je n'aime pas faire les cakes (même américains) et lui n'aime pas les manger, comme à peu près tout ce que je fais sauf les gâteaux aux pommes et au fromage, que j'aime bien faire aussi, c'est notre point commun, c'est ma culture, mais ces gâteaux-là, ils ne voyagent pas, moi non plus, et l'homme vit ailleurs, alors... C'est insoluble (alors que le sucre si, ainsi d'ailleurs que son ersatz, les sucrettes qu'il met abondamment dans son Nescafé décaféiné). À moins que je ne m'arrête d'écrire des bêtises et que j'aille faire des gâteaux dont je ne saurai que faire. Je pourrais aussi lui écrire et envoyer la lettre par la poste, ça voyage, ça occupe une main, pas l'autre, et ça ne se mange pas, c'est peut-être mieux après tout. Je pourrais aussi écrire et ne pas envoyer, précisément comme je le fais.

Après avoir écrit cette page, quand même un peu de temps après, entre le moment de l'écriture et la correction de la frappe, je me suis cassé le bras, le poignet droit, ça n'a aucun rapport, seulement je n'ai plus pu m'en servir.

Avec le mixer Kenwood Chef trouvé d'occasion pour deux cents francs il y a des années au marché d'Aligre et qui marche toujours, une merveille et qui est une de mes bases (non américaines) et avec la jeune femme qui m'aide à la maison, j'ai pu continuer à faire des gâteaux, mais écrire, rien du tout de la main gauche, c'est pour moi quasi impossible. Quant au traitement de texte, type Macintosh, que mes amies écrivassières comme moi utilisent, il me fait peur rien qu'à y penser dans son aspect logique, froid et ordonné. Oui, sans doute pour moi écrire est bien plus artisanal que de faire des gâteaux.

Il est vrai qu'être dans les bras d'un homme reste possible même avec un bras cassé. Oui, mais comme l'homme avec lequel je vis vit ailleurs... Alors, il me reste à me débrouiller comme je peux.

Souris

Comme la plupart des gens des pays pauvres, les animaux domestiques m'intéressent peu, sauf parfois ; mais j'aime les souris.

J'ai des souris à la maison, elles me tiennent compagnie, ce sont mes souris.

Vous me dites que cela vous fait horreur. Ah bon ! Quelle idée !

Elles sont douces, calmes, inoffensives. Elles étaient deux, auraient dû être trois, mais l'une d'elles a disparu lors du tournage à la maison du court-métrage de mon jeune fils.

Partie, envolée, volée. Mon jeune fils a protesté, il dit être sûr de ses amis, d'ailleurs, rien d'autre n'a disparu et ils étaient nombreux. Oui, bien sûr, mais moi, je sais bien qu'une souris peut faire envie, elle peut aussi être tombée derrière le frigidaire qui est bien trop lourd pour être déplacé parce que toujours bien trop plein.

Vous ne comprenez pas, ça ne m'étonne pas, je sais que peu de gens aiment les souris.

Mais en fait ce ne sont pas les souris que j'aime, ce sont les maisons, et comme je n'ai pas de maison, j'ai des souris.

Mais oui, bien sûr, pour avoir des souris, il faut avoir un chat, non, non, surtout pas un chat, une maison. Une maison plutôt grande, un peu vieille, avec un tas de pièces, un peu mal entretenue, avec un grenier et un jardin devant et qui de préférence est dans la famille depuis plusieurs générations. Une vraie maison, un peu comme celle dans laquelle j'ai passé quelque temps pendant la guerre parce qu'une petite fille juive s'y voyait bien moins qu'à la ville, et même si c'était dans la grange. Une maison qui a pu m'apparaître comme le paradis même si mes parents n'étaient pas avec moi (mais je vivais avec l'espoir, que dis-je, la certitude, de les revoir bientôt), même s'il n'y avait que peu à manger et que la violence, l'alcool et la peur souvent y régnaient.

Mais là il y avait des souris, et pas au ghetto, je crois.

Là, à la campagne, on leur mettait de la mort aux rats (il n'y a pas « mort aux souris » comme il y a « mort aux vaches ») et des petits pièges en bois avec un ressort, il y avait aussi des assiettes où marinaient à peine cuits des champignons rouges à points très blancs comme je n'en ai revu depuis que dans des livres.

Subrepticement, après, bien après, presque cinquante ans après, les souris sont revenues. D'abord timidement, sans que je m'en rende compte, une, deux, presque par hasard.

Attendez, vous allez comprendre.

Une en plastique, pour faire peur aux dames, assez bien imitée, l'autre en faux poils, déjà vieille, d'un quelconque magasin de farces et attrapes peut-être, elles ont dû arriver là par l'entremise de mes enfants, ou de leurs amis ; curieusement, je les ai gardées dans la cuisine. Puis je m'en suis acheté une, je ne sais plus quand, un peu comme celle qui a disparu, en métal peint, sur des roulettes, faite à Hong Kong ou en Tchécoslovaquie et de la même taille que les autres, mais ce n'était plus pour faire illusion. Et elles sont restées là, mises ensemble sur un coin de buffet. Un jour, l'homme d'alors leur a donné un petit morceau de pain, puis de carotte, ce qui a fait qu'il m'a plu quelque temps un peu plus. Et puis, l'homme n'est pas revenu et elles, elles sont restées (je vous le disais bien, les souris, c'est comme les maisons). Et les enfants ont grandi, sont partis, et la troisième souris a disparu. Un autre homme est parti (est-ce mon lot, mais qui est parti de qui ?) et alors les souris se sont multipliées (« Un lot de souris, un ! », comme « Garçon, un demi, un ! »), oh pas trop ! J'ai le sens de la mesure, mais l'envie m'est venue juste avant Noël, qui n'est pas une fête à moi et où je ne donne ni ne reçois de cadeaux, mais quand même un jour où j'étais seule, je suis allée m'en acheter d'autres. Ce n'est pas si facile d'en trouver, d'autant que j'ai des exigences de taille et d'esthétique, que les jouets ont été « normalisés » pour ne pas faire mal ou peur aux enfants (je l'ai appris à cette occasion, ainsi je n'ai pas pu retrouver l'exacte disparue), et depuis longtemps je ne fréquente plus les magasins de souris. Mais j'y suis arrivée, comme pour le reste ou presque.

Ainsi il y en a, ô honte, maintenant cinq de plus, c'est-à-dire sept en tout, assez classiques, six grises et une blanche, qui a un œil rouge. Des souris comme d'autres, en somme, mais maintenant plus proches de moi, sur le coin de la table de cuisine avec quelques graines pour manger. Du manger, dans cette cuisine il y en a bien trop, bien plus que de souris, c'est ça qui est terrible – oui oui je sais que j'en ai déjà parlé et que trop, c'est trop, c'en est indécent, mais qu'y puis-je ? –, le frigidaire déborde et les placards aussi (ce qui attire les souris).

Alors les souris dans leur immobilité me plaisent, me tranquillisent comme les petites étiquettes des fruits, surtout exotiques qui viennent de loin, qui ont voyagé (moi bien moins) et que je colle au mur. Elles sont là, mais elles peuvent bouger, non pas devenir vivantes (« N'ayez crainte, il ne bougera pas », m'a dit un marchand d'un poulet – français – à qui j'achetais le poulet, « pour dans deux jours »). Des souris vivantes sur une table de cuisine, quelle idée ! D'abord, elles s'en iraient, c'est sûr, et je serais bien sans souris. N'empêche, elles changent de place, d'ordre, elles sont groupées différemment, parfois ensemble presque les unes sur les autres, d'autres fois séparées, se regardant, ayant ou non quelque nourriture devant elles. Maintenant, ce n'est plus tellement moi, mais la jeune femme qui m'aide à la maison ou les quelques personnes qui passent qui se sont prises au jeu des souris. Avant, ça m'embêtait un peu. C'étaient mes souris. Maintenant, j'aime plutôt que d'autres s'y intéressent, et je me contente de regarder.

Alors que j'avais dans la tête l'idée d'écrire cette histoire, je suis entrée dans une grande quincaillerie, la rue était ornée partout de lumières de fête, pour acheter une tête de douche – celle de chez moi était fendue –, il y en avait juste en réclame, et aussi un morceau d'isolant parce que c'était l'hiver et qu'une de mes plantes avait grimpé le long d'un tuyau de chauffage central en marche et risquait ainsi de périr de chaleur. C'était juste avant l'heure du déjeuner et le vendeur était pressé et ne savait pas le prix des grands tubes d'isolant en mousse serrée que nous avions trouvés au fond du magasin, le patron n'était pas là. Il m'a dit de repasser.

Je n'étais pas du quartier, l'article me convenait, et j'ai proposé un prix visiblement trop élevé : je tenais à la plante. Il a accepté et m'a descendu un des tuyaux. J'en ai voulu un autre dont le diamètre m'apparaissait comme plus grand. Il a rechigné, l'a descendu et qu'y avait-il dedans qui donnait cet effet d'optique ? Une souris, une vraie, morte, desséchée, momifiée, et le vendeur, un homme algérien encore jeune et qui juste le moment d'avant roulait un peu les mécaniques eut un haut-le-cœur et partit vite vomir : « C'est la seule bête que je ne supporte pas », a-t-il dit en revenant. Et moi, je la regardais et un instant je me dis que je l'emmènerais bien, celle-là aussi, pour la mettre parmi les autres sur la table, mais j'ai senti l'odeur de cadavre. Non ! elle était trop vraie, je ne pouvais pas mélanger. J'ai même échangé le tuyau qui l'avait contenue pour un autre. Le vendeur l'a prise avec un bout de papier pour la jeter.

Je resterai avec mes fausses souris sur le coin de la table, sans maison ni grenier ni jardin, seulement avec le tuyau du chauffage central protégé par le tuyau de mousse serrée et coupé en longueur (la maison était déjà construite et la plomberie fixée) pour que la plante ainsi puisse continuer l'hiver à grimper, à vivre.

PQ, ampoules, bas : stocks

Il faut que je rajoute deux textes dont « PQ, ampoules, bas ». Je les mets avant « Cerises », que j'ai déjà écrit, mais les chronologies sont si mélangées en moi que cela n'a pas d'importance et puis les cerises sont pour moi une denrée aimée, sûre et fragile, et je les veux en apothéose même si l'apothéose est comestible et modeste.

Le PQ* tient une place à part en effet, c'est qu'après usage il ne se garde pas : on ne peut en garder que du neuf, aussi, il lui reste toujours toute sa potentialité. C'est un stock sûr. L'ennui, c'est qu'il

* PQ : Papier cul, ou papier hygiénique, devenu papier de toilette, victoire sur ma tante : pouvoir enfin parler un peu grossièrement et puis rien que deux lettres pour exprimer la chose, quel merveilleux raccourci pour des kilomètres et des kilomètres utilisés par chacun de nous dans un riche Occident et jeté aux chiottes après usage – ce qui donne une juste mesure aux choses.

est encombrant : le volume est irréductible : il doit rester sec.

Souvent j'ai fait des stocks, petits, vite abandonnés : deux boîtes de ceci, trois de cela, parfois des débuts de collection qui n'en sont pas, juste pour qu'il y en ait assez : trois boîtes de tomates pelées, deux de sardines, deux kilos de farine, broches de ma mère que je n'ai jamais eues, nombreux et beaux stylos à encre de toutes sortes pour l'écrivain à venir avant de passer aux Pilot Hi-Tecpoint V5 pointe extrafine, dont j'ai toujours trois quatre en réserve et dont j'espère que la fabrication ne cessera jamais ; vases, vases, vases, ma maison est remplie de vases (et la boue qui est au fond de moi), juste parce que fleurs, fleurs, fleurs, et qu'il me plaît d'avoir le vase pour les fleurs (celles que je viens de rapporter, que j'aime et qui vont me ravir quelques jours). S'il ne m'a pas été possible d'avoir des chaussures à mon pied ou un homme pour la vie (et ne croyez pas que les hommes aient été des potiches pour moi, ni moi pour eux, d'ailleurs, dommage peut-être), si le monde n'est pas parfait, si je ne suis pas parfaite, si le bonheur n'existe pas en ce monde (et dans lequel alors, avec toutes les injustices qui courent), alors, il faut que quelque chose au moins soit parfait à mon regard : un contenant pour un contenu, ce vase-ci pour ces fleurs-là, du moins à mon regard de ce moment-là.

Les stocks, c'est autre chose, c'est utilitaire et non périssable. Ce ne sont pas l'huile, les pâtes, le riz, les sardines, et cela malgré la guerre dont j'ai tant parlé (tout n'est ni simple ni convenu), toutes choses qui nourrissent sans pourrir et font grossir par temps de paix (ô honte, famine toute proche de nous, je sais, je dis, et c'est tout, des mots, comme écrire des mots de riches, mais aussi des mots pour soi, des mots pour continuer à vivre). Dans les pires moments, deux boîtes de chaque, deux bouteilles de chaque m'ont toujours suffi, je connais la durée réelle du temps, pas la peine de stocker la nourriture, la pénurie gagne toujours. Mes stocks à moi ne se mangent pas : ce sont aujourd'hui le PQ, les ampoules, les bas. Les bas essentiellement, *pończochy* en polonais. Les origines et les usages des trois sont divers, c'est le constat de stock qui les unit.

Le PQ, c'est quand même le reflet de la vie, pardi. On peut s'en passer, mais ne pas en avoir serait dommage et dur. Je me suis rendu compte de sa place non pas dans un moment de manque mais un jour de bonheur dans une toute petite île des Cyclades, Folégandros, où il y avait tout : lumière, soleil, mer, mer, mer, air transparent et sec, quelques maisons si belles, blanches, un peu d'eau douce, quelques arbres, des oliviers et presque rien dans les deux trois magasins de denrées diverses du village. Un jour, j'en ai vu un tas, une pyramide (pardonnez le mélange des civilisations), une colline rose, remplissant presque le quai d'où le bateau bi-hebdomadaire venait de partir : c'était la livraison de PQ. « Tant que ça », me suis-je dit et cela m'a fait rire en pensant à son usage et aux centaines de culs (souvent les mêmes étant donné le petit nombre d'habitants et y compris les touristes d'alors) essuyés avec, aux façons différentes, intimes, secrètes, de l'utiliser, ce dont on ne parle pas, pas plus que des formes différentes et cependant semblables des postérieurs des deux sexes. Et maintenant, des années après, il a fallu que je me sois cassée, que je sois immobilisée sept semaines dans le plâtre à la maison, pour que je m'aperçoive que, moi aussi, j'en avais un stock qui me donnait un long périmètre de liberté : mes besoins intimes étaient honorés, je n'avais besoin de personne, quand même sept semaines d'assurées, c'est pas mal. Cependant, sentant un peu la solitude, et avant que les stocks ne s'épuisent, je m'en préoccupais. Il en restait quatre rouleaux, la jeune femme qui m'aide à la maison me les a montrés (j'en avais au départ inopinément deux paquets de douze rouleaux provenant de Champion et quelques rouleaux en cours), et bien que les papiers en tous genres ne manquent pas à la maison, j'ai demandé à l'homme qui vit ailleurs et qui était de passage, venu me rendre visite, de m'en acheter encore, ainsi que des sacs-poubelle* et rien d'autre. Il a un peu tiqué, trouvant sans doute cette course peu glorieuse. Comme la jeune femme avec gentillesse, devant mon inquiétude, en avait acheté aussi, chacun quatre, nombre habituel pour les paquets de PQ, avec les quatre qui restaient, cela faisait douze, le stock était un peu reconstitué, le calme régnait, la sécurité, le siège étaient assurés. Mais vous, lecteurs, après tout, vous pouvez penser que je vous fais chier avec le PQ – « Excusez, papa, excusez, maman », paroles presque historiques pour moi, venant de mon fils aîné enfant alors qu'il venait de bruyamment péter. Alors, arrêtez votre lecture, faites ce que vous voulez avec (comme si vous aviez besoin de mon autorisation pour ça), dommage que le livre (peu à peu en écrivant, bien sûr l'idée du livre m'est venue) que vous avez acheté ne soit pas imprimé sur PQ (variante ô combien blasphématoire, mais déjà plus pratique, pour usage autre, que la lecture du papier bible), vous auriez pu au moins vous en servir. Mais lisez « Cerises », au moins les descriptions botaniques, qui ne sont pas de moi. Je ne dirai rien quant aux variétés, je ne l'ai déjà que trop fait avec les harengs et, vous verrez plus loin, avec les cerises. Au fil des années,

* En acheter de vrais, ne plus utiliser à cet usage de trop petits, de trop peu solides, récupérés des courses et qui font des drames dans les escaliers avait été, il y a longtemps déjà, une victoire contre l'ancienne adversité.

avec l'amélioration du niveau de vie en général en France, ou du mien en particulier, je suis passée de la variété marron beige fine à inconvénient évident de PQ au rose double épaisseur en rouleaux auquel je me suis fixée (couleur et forme que j'avais vues sur le quai à Folégandros et qui me va bien au teint, je fais entrer le soleil et la nature par où je peux). Je déteste qu'on le mette dans des boîtes inutiles mais bien propres, pouvoir en prendre autant que j'en veux à même le rouleau est bien plus agréable. Exit PQ.

Les bas, maintenant (ce n'est pas dans l'ordre mais je voudrais finir par ampoules pour la lumière). D'abord et tout de suite, excusez-moi, en polonais « bas », c'est donc *pończochy*, c'est une des clefs du stock, le plus important des trois, la guerre, ma mère, l'après-guerre, pas de *pończochy*, soit, assez. Si avec « bas » vous pensiez « cul » », sexe », vous serez déçus. Les bas, pour moi, ce ne sont pas les porte-jarretelles, la finesse, le noir, les coutures, les dessins avec flèche « suivez mon regard » ; oui, j'en ai bien quelques paires, par principe, mais je ne les porte jamais, ce n'est pas cela qui m'intéresse. Ce qui m'importe, c'est d'en avoir toujours assez, donc trop, comme la nourriture, mais dans l'impérissable. Seulement voilà, ils ont largement dépassé cette fonction. Il y en a vraiment un stock, mis tous ensemble un, deux ou trois mètres cubes probablement, pour un appartement, c'est pas mal. Les bas au moins ne pèsent pas lourd, parce que pour les autres choses accumulées, j'ai peur parfois que le plancher s'écroule sous leur poids et que je me retrouve avec dans l'appartement bien rangé de la voisine d'en dessous et qu'elle se mette à crier, les entrées des choses étant, et cela depuis des années, tellement plus importantes que les sorties (c'est comme les kilos et la bouffe ingérée). Le jour où je vais mourir les gens vont rire. On va ouvrir les fenêtres et tout jeter dehors dans le jardin du voisin (vous voyez combien j'ai fait des progrès en vieillissant, ce n'est plus moi vivante qui me jette par la fenêtre), qui ne va pas être content, lui non plus, déjà qu'il n'est pas content des pétales des impatiens et des pétunias des jardinières du balcon. Puis on va faire venir une benne à ordures qui emportera heureusement le tout à la décharge, pour qu'on le brûle, le broie et que tout disparaisse, comme pendant les soldes. Solde de toute vie. De bas, il y en aura un grand tas, une meule douce à la ville sur laquelle les enfants auraient pu jouer un moment, à cache-cache ou au toboggan peut-être. Oui, j'en ai une commode pleine, une grande commode de quatre tiroirs, plus à côté d'elle quelques sacs en plastique remplis et recouverts de grands tissus pour faire plus propre. De toutes les épaisseurs, de toutes les couleurs, de toutes sortes, en fait, je reste assez classique sauf pour les couleurs, même si le beige presque blanc domine. Si je n'avais pas malgré tout cédé à l'air du temps, je les aurais voulus tous épais, un peu beige rougeâtre, juste solides et chauds. Je n'entre jamais dans un grand magasin sans acheter de bas – je dis toujours bas (*pończochy*) et pas collants alors qu'il s'agit de collants, bien sûr – ; heureusement, je n'y vais pas souvent, mais je crois que je n'y vais que pour cela, je sais que c'est là que je trouverai ceux que je cherche, et souvent je me retrouve dehors avec un sac de bas, et seulement un sac de bas, dans la main. Les grandes et petites surfaces d'alimentation, les Monoprix et les Prisunic servent aussi, mais moins bien.

J'ai exactement l'inventaire de mon stock en tête et je sais exactement lesquels je veux trouver pour aller avec telles chaussures ou telle tenue (c'est un peu comme pour les vases), parfois je dois chercher étant donné la quantité (pour les livres j'ai presque renoncé, je rachète). C'est quand même pratique quand une maille a filé d'avoir une paire de rechange sous la main.

Enfant et adolescente, j'adorais les dames remmailleuses dans leur guérite, sincèrement, j'admirais leur savoir-faire avec leur petite machine exprès à cet effet. Elles rendaient les bas comme intacts dans des sachets en papier blanc bien fermés avec le nom de la cliente inscrit dessus, et rangés dans des casiers par ordre alphabétique. Je ne les file presque jamais, mystère, je sais les porter. Chez moi, ils s'abîment par vieillesse. Ce qui est embêtant, c'est qu'au bout de dix, quinze ans les élastiques sont distendus de ne pas avoir été utilisés, à cause de la chaleur, semble-t-il, et changer les élastiques sur les collants n'est pas prévu comme sur les culottes Petit Bateau, ça pose un problème que je ne sais résoudre, mais passons. Avec les années, la séduction dominant et l'argent augmentant, je les achète quand même de plus en plus fins, illusion. « C'est du 15 deniers », dit la vendeuse. Unité unique mystérieuse et incompréhensible.

De vendeuse, il n'y en a presque plus, il y a des tourniquets (comme pour la mercerie aussi, hélas !), des piles, on doit savoir choisir seule. Mais l'effet de finesse ne rattrape pas l'effet de l'âge, d'autant que les talons baissent en même temps que la vue, mais ça ne fait rien, l'essentiel c'est que j'en aie toujours assez, disons que j'aurai toujours chaud aux jambes et que je peux tenir n'importe quelle pénurie, voire une guerre.

Pour les ampoules, je ne m'en suis aperçue que tardivement, et par hasard. Je me suis vue prendre plaisir à en acheter, pour être sûre d'en avoir de rechange. Alors que chez moi il n'y en a que de deux sortes, à vis et à baïonnette (plus un halogène récent auquel je ne comprends rien). Ainsi, un jour, alors que j'en rapportais encore, j'en ai trouvé en deux endroits différents de la maison, quatre de chaque sorte, il est vrai en deux ampérages, c'est-à-dire seize en tout plus celles que je venais d'acheter et quelques autres qui traînaient çà et là, incertaines, parce que quand une ampoule s'éteint comment être vraiment sûre qu'elle est morte, ça pourrait être un faux contact, il faudrait l'essayer sur une autre lampe, et comme je n'ai pas le temps, elle reste là. Bref, les ampoules comme le PQ ont un statut particulier, je vous l'avais bien dit.

En fait, ce qui me plaît dans les ampoules c'est que je sais les changer, donc il faut pour cela en avoir assez aussi, juste au moment où la panne se produit pour avoir le plaisir de la réparation immédiate, la seule, magique, que j'accepte de savoir faire moi-même. Ce n'est pas une question de risquer d'être dans le noir. Il y a assez de lumière dans la maison, il y a même aussi un petit stock de bougies et une lampe de camping à gaz avec six ou huit recharges, et une lampe électrique aussi. Non, l'ampoule, c'est la gloire de la réparation et de la lumière. Et puis ce qui me plaît maintenant dans la lumière c'est que je peux la laisser brûler, des nuits entières, ce que je ne fais pas trop, « Éteins la lumière », disait ma tante, alors il me faut bien des ampoules de rechange.

Compote de rhubarbe ou *rhubarbarum* : Ceci est une pensée à ma cousine

Comme je n'arrivais pas à écrire « Compote de rhubarbe », j'ai acheté pour la vingt-cinquième fois de la rhubarbe au marché pour faire de la compote. C'est ce que, finalement, il y avait de mieux à faire. La marchande me l'a enveloppée dans un papier à grandes arabesques bleues, roses, mauves, extravagant, un papier peint sans doute fait pour je ne sais quels murs. Il m'apparaissait somme toute normal que, détourné de son but premier, il finisse ainsi à cet usage modeste. J'allais bien sûr le garder, j'en avais déjà beaucoup, de ces papiers-là, de toutes sortes, un stock presque, en deux endroits au moins de la maison, bien rangés, et je pensais faire un grand cahier (le cahier, je l'avais aussi depuis longtemps, d'un format au-dessus de la moyenne aux pages blanches sans lignes) avec un morceau échantillon de ces papiers servant à l'emballage, collé à chaque page avec en dessous écrit, ici par exemple :

Rhubarbe – 12 francs le kilo
Marché de Charenton
6 juin 1991

Si je n'arrivais pas à écrire compote de rhubarbe, ce n'était pas seulement parce que l'écriture n'est pas mon fort, que ma cousine est morte, qu'elle me reste si proche, et qu'alors que je commence, tout s'immobilise et se brouille en moi, mais aussi parce qu'il se trouvait que cette fois, j'avais le bras cassé. Le poignet, en fait, droit évidemment. Dans cette situation, j'ai compris que ce n'est ni avec la tête, ni avec un stylo, ni sur une table sur du papier que l'on écrit, mais avec le poignet (je ne parle pas des machines diverses qui ne sont pas de mon âge), or, mon poignet cassé était dans le plâtre. Je n'arrivais qu'à faire « des pattes de mouche », comme disait la maîtresse à la communale quand j'écrivais déjà mal mais que j'étais « bonne en français ».

Pour faire de la compote, il faut faire un tas de choses, les unes après les autres, successives et ordonnées, délibérément, il faut « avoir de l'idée », comme le dirait une de ces femmes que j'aimerais connaître et que j'imagine. Cette fois-ci, je n'ai fait que tourner et superviser, ce qui est déjà pas mal, « inspecteur des travaux finis », disait avec malice mon cher oncle.

C'est la jeune femme qui m'aide qui a tout fait, c'est-à-dire surtout éplucher et couper en petits morceaux les tiges. Moi j'étais là et nous parlions ensemble. Elle m'a raconté comment un vieux monsieur « du 103 » était tombé dans la cave en poussant une mauvaise porte et était à l'hôpital, à côté de chez nous. Il allait rendre visite à sa femme. À la cave ? Elle s'était fait opérer des hanches, et en tombant, lui, il s'était cassé le bras. Cela faisait soixante ans qu'ils ne s'étaient pas séparés (cela ne risquait plus de m'arriver, je les enviais, peut-être). À l'hôpital, on l'a gardé, déjà qu'avec les deux bras il n'arrivait pas à se débrouiller, alors seul ! On les a mis dans la même chambre : « On a eu de la chance, quand même », a-t-il dit. Et nous avons bien ri ensemble, comme avec ma cousine.

Ma cousine qui est morte n'était pas ma vraie cousine, nous étions apparentées de très loin, des deux côtés pour elle, maternel et paternel, quant à moi du côté de mon oncle par alliance et de ma tante du côté de ma mère. Elle habitait au-dessus de chez moi ou plutôt je vivais au-dessous de chez elle, car c'était grâce à elle que j'avais pu louer l'appartement que j'habite et où mes enfants ont grandi, au-dessous des siens plus grands que les miens, il y a des années de cela déjà. Elle savait tout faire : coudre, broder, tartiner, faire la cuisine, les gâteaux, les déguisements pour Mardi gras, et lire le polonais. Et elle connaissait aussi tous les chemins pour revenir à la maison ; maintenant encore, chaque fois que je prends certains raccourcis, je pense à elle. Elle savait donc lire le polonais et moi presque pas. Nous avions la même origine et presque la même histoire. J'ai beaucoup appris d'elle, dont napper et colorer les gâteaux avec du sucre glace (ce que je ne fais presque plus jamais) inventer avec ce qu'il y a à la maison, avec des fruits du moment, trouver chaque fois un décor nouveau (jamais le même, jamais aussi bien qu'elle), faire du gratin dauphinois, ou du gratin de poissons, des pieds de veau en gelée, et l'affection aussi.

Un jour, comme à d'autres reprises déjà, j'avais voulu apprendre à lire le polonais, j'avais déjà, au fil des années, avec le théâtre, le cinéma (toutes les pièces, tous les films en polonais à Paris), j'avais retrouvé comment comprendre, comment le parler simplement, après l'avoir oublié, mais le lire, je n'avais presque pas appris avant, je lui ai donc demandé de me faire lire. J'avais bien un vieux petit livre de lecture, à la couverture cartonnée et aux bas de pages un peu déchirés, qui commençait à la première page par :

mama

Et à la page 13, il y avait :

oto domek Adamka
Adamek klei domek

(« C'est la petite maison d'Adam. Le petit Adam colle la petite maison. » Il s'agissait de faire un découpage.)

C'était mon premier et unique livre en polonais. Je l'avais rapporté de là-bas et je devinais ou savais par cœur les trente premières pages, je suis partie trop tôt pour connaître la suite. Mais c'est dans un journal féminin polonais trouvé je ne sais où, avec une recette de cuisine, que nous avons commencé à nous exercer. Hélas, nous avons été aussi dès le premier mot arrêtées par le rire : un rire irrésistible, un fou rire à en pleurer, à en faire pipi dans sa culotte et ainsi je ne sais toujours pas lire le polonais. Le mot, c'était *rhubarbarum* (prononcer « rhoubarbaroum », « oum » comme en latin), de quelle recette il s'agissait, je ne sais plus, d'une tarte probablement, ce n'était pas de la compote, ça, j'en suis sûre, de la confiture non plus, et on ne fait pas tant de choses avec la rhubarbe. Le mot *rhubarbarum* – comme un refrain – revenait à toutes les lignes et nous avons fini par pleurer de rire comme des gamines. Mes leçons de polonais se sont arrêtées là. Quelques années encore ont passé et ma cousine est morte. Sa personne, son visage, sa voix, ses savoirs, son inventivité, sa ténacité, ses souffrances, son courage, restent complètement présents en moi, et elle me manque alors que bien sûr je ne la voyais pas assez de son vivant. Aujourd'hui, alors que je me réconfortais du quotidien, l'histoire de compote de rhubarbe m'est venue (je venais de manger une douce compote de pommes) et j'ai pensé en même temps à ma cousine et à notre fou rire.

Elle était là, et c'était bien, avec sa tendresse et avec tout ce qu'elle savait si bien faire. Elle m'avait brodé une nappe blanche en organza avec des fils d'or. Une fée s'était un jour penchée sur moi. Un jour, un autre, bien après sa mort, j'avais fait de la compote de rhubarbe, l'un de mes fils, l'aîné, l'aime beaucoup et je l'avais – la compote – très bien réussie. J'avais même reconnu cette réussite, ce qui ne m'est pas habituel, et à propos d'un peu d'eau de cuisson mise de côté (voir plus loin) j'ai pensé non seulement à toute la suite de gestes mais aussi de choix, d'idées, de jugements, de décisions qu'il avait fallu pour arriver à ce résultat délicieux, doux et acide à la fois, vert pâle transparent, fluide, aux fibres régulières, et j'ai été émerveillée par le goût, les connaissances, l'intelligence, la sensibilité qu'il avait fallu y mettre, en plus du sucre.

Je savais bien que ma cousine, bien qu'elle ne m'ait appris qu'à jeter la première eau et même si je ne faisais plus exactement comme elle me l'avait montré, était là. Elle et d'autres femmes que je n'avais pas connues, qui avaient fait ou pas de la compote de rhubarbe dans leur vie. Je n'avais eu de leçon pour la compote de rhubarbe que pour la première eau, le reste, je l'avais appris toute seule et c'est ainsi que j'étais devenue celle qui sait bien faire la compote de rhubarbe et qui est contente de l'être.

Au marché, il faut acheter de la rhubarbe bien fraîche, ferme, un peu brillante, la choisir branche par branche si cela est possible (en région parisienne, cela demande à la fois une certaine autorité naturelle et de bonnes relations antérieures avec la marchande), bien calibrée afin que tous les morceaux demandent le même temps de cuisson : ni trop grosse (elle est alors un peu dure), ni trop fine (cela donne trop de travail d'épluchage et trop de perte). L'éplucher en ne laissant aucune peau qui gâterait la consistance et en laissant cependant un peu de rouge du bout des tiges si possible, ce qui donnera quelques traînées colorées du meilleur effet. La couper en morceaux égaux, dans le sens de la longueur, et dans le diamètre, toujours afin que le tout soit cuit en même temps. Mettre les morceaux dans une large casserole afin de bien pouvoir tourner, et un tiers environ du volume d'eau. Faire cuire à feu vif d'abord, enlever la mousse qui se forme avec une écumoire, puis baisser le feu, au bout d'un peu de temps enlever le surplus d'eau de la casserole en versant et en fermant en même temps avec un couvercle, ou si l'on n'est pas sûr de soi, avec une passoire – si la rhubarbe est un peu vieille et grosse il faut blanchir, c'est-à-dire jeter complètement la toute première eau de cuisson, et ajouter ensuite un peu d'eau fraîche –, ma cousine blanchissait toujours, maintenant, il me semble que cela affadit le goût. Je garde une partie du surplus d'eau dans un récipient à part pour pouvoir en ajouter à la compote à n'importe quel moment de la cuisson si elle devient trop épaisse, et afin que le goût si particulier et un peu aigre subsiste, alors que l'eau du robinet le diluerait. C'est cette idée trouvée sur le moment tout naturellement qui m'a ensuite étonnée, ravie, bouleversée presque par sa simplicité et son ingéniosité réunies et m'a fait alors reconstituer une partie du processus.

Les raisonnements mathématiques (où j'ai été mauvaise sauf une année) et la philosophie (la seule année d'enseignée où j'étais excellente) m'apparaissent comme secs (et le sont, allez-y rajoutez du liquide ! encore que peut-être les spécialistes sauraient, eux, comment faire) à côté des mouvements internes subtils d'accommodation utiles et nécessaires à la fabrication d'une compote. Mais en fait, j'ai su, bien après coup, en racontant cette histoire – que j'étais en train d'écrire – à un ami alors que nous voyions des masques, des poissons, au musée des Arts d'Afrique et d'Océanie (anciennement musée des Colonies, puis musée de la France d'outre-mer), qu'un terme, « réserver », existait déjà et que les grands chefs de cuisine l'utilisaient couramment : « réserver l'eau de cuisson », par exemple, tout juste comme ce que j'avais inventé. Je n'avais rien inventé du tout, d'autant que je me rappelais maintenant avoir lu dans mes lectures bizarres* le mot et compris la fonction pour d'autres plats.

* Dans *Le Cordon bleu*, Paris, revue illustrée paraissant les 1er et 15 du mois, dont je lis pour le plaisir les recettes de temps en temps, dans un gros volume relié rouge (de février à

La réserve, il est vrai, n'est pas mon fort, sauf dans le sens de l'accumulation, mais juste pour les vêtements, objets et la nourriture quotidienne. Mais en fait j'étais comme eux, comme tous les humains, femmes, hommes, enfants, faisant quelque chose de précis d'un bout à l'autre, en l'ordonnant, en pensant, en le prévoyant (à l'âge de pierre tout était déjà là) et que c'était banal et extraordinaire et que j'étais comme tous les autres et eux comme moi. Géniale.

Oui, mais pas seulement, aussi fourbes, bêtes, violents, stupides, convenus. C'était une pause. Je voulais oublier le reste. C'était pour moi l'intelligence à l'état pur (qui vole un œuf vole un bœuf) et cela me surprenait et m'enivrait, et puis en plus je me sentais unie aux autres. Quelle victoire !

Il est sûr qu'il n'est pas question de penser à tout cela en faisant la compote, elle risquerait d'attacher, et donc, je reprends sa préparation là où je l'avais laissée.

Faire cuire doucement en tournant avec une cuillère en bois en écrasant les quelques morceaux restants. Éteindre le gaz. Ajouter trois à cinq cuillères de sucre en poudre* selon le goût souhaité, la quantité et la qualité du fruit. Quand la consistance est bonne

---

septembre 1904) et dont un menu demande bien la présence efficace et savante de trois personnes pendant une journée.

* Sorti d'un bocal où des gousses de vanille, des vraies, qui m'ont été données par une femme venue des îles, aromatisent le sucre toute l'année.

– compter que le sucre en fondant va rendre un peu plus liquide le tout – bien tourner à chaud. Elle était à point, je n'ai pas eu à rajouter le jus réservé, dommage, mais l'intention y était, tout avait été prévu, c'était l'essentiel.

La compote était d'un vert tendre, à peine jaune, assez fluide, on y voyait les fibres bien fines et bien détachées. Le goût était encore trop tiède pour bien savoir, je savais qu'elle apparaîtrait plus sucrée quand elle serait refroidie, mais en même temps l'acidité du fruit ressortirait davantage, ce qui fait que le sucrage, qui se fait à chaud, sans faire cuire le sucre (pour éviter, dit-on les brûlures d'estomac), est un temps extrêmement subtil (moins que dans la carpe farcie où cela peut tourner à la catastrophe si elle vire à la compote), temps aussi important que celui de la cuisson de la rhubarbe.

Quand mon fils aîné est venu, je lui ai servi avec fierté ma compote (bien plus « ma » compote que « mon » fils) et comme il aime apprendre et comprendre, je lui ai même parlé de la complexité des diverses tâches et du temps pour un résultat qui paraît si simple et évident, et j'étais vraiment contente de moi. J'avais fait de plus une petite compote de fraises à mélanger à l'autre si on voulait : les cuire très rapidement avec très peu d'eau, y ajouter peu ou pas du tout de sucre. J'avais mis plusieurs années à la réussir ; ma tante, qui la faisait très bien et à qui j'avais demandé la recette, m'avait dit : « C'est très facile, c'est rien à faire, il ne faut pas trop cuire les fraises. » J'ai fait trop cuire beaucoup de fraises avant d'y arriver.

Les deux compotes se mariaient bien, mon fils semblait ravi, et moi aussi. Je ne lui ai rien dit de ma cousine ce jour-là, ce n'était pas la peine. Il arrivera peut-être un jour à lire cette histoire. Le principal, c'était la compote bien sûr. J'avais trouvé, retrouvé comment la faire seule. C'était comme avoir retrouvé ma langue maternelle, le polonais, ma cousine, ma mère, mes grands-mères, qui sait, qui savaient bien faire les compotes sans doute.

Depuis que j'ai écrit ces pages, j'ai fait aussi du pied de veau en gelée, comme ma cousine me l'avait appris, je suis la seule à la maison à en manger, et j'ai aussi acheté des poires Conférence : « Les poires, c'est le fruit que je préfère », disait-elle chaque fois qu'elle en mangeait.

Quand je suis rentrée dans la cuisine après avoir fini d'écrire et que j'ai mis la radio, le poste, j'ai entendu *Oh Yes It's My Baby*, un charleston que chantait mon oncle en dansant les deux mains croisées sur les genoux, pas très vite parce qu'il était déjà vieux, et je me suis mise, alors que moi je ne savais pas, que je n'avais jamais appris, à danser, moi aussi.

Et puis encore du temps est passé, ce texte était en l'état, et moi achetant toujours de la rhubarbe au marché, et un jour je parle comme je le fais facilement avec une femme elle aussi acheteuse de rhubarbe pour une compote et je lui ai demandé sa recette : éplucher, couper, mettre dans une passoire – jusque-là, ça va – et puis mettre le sucre en poudre dessus, laisser reposer au frais quelques heures, jeter le jus, cuire à feu doux, c'est simple et parfait (mais après avoir goûté, j'ajoute un peu de jus) ; morale : pour quoi que ce soit, il n'y a jamais qu'une seule recette, qu'une seule conception, il faut chercher, écouter aussi les autres, quelques autres, pas tous les autres, parce qu'alors c'est sans fin, *ein sof*.

Du merlan

« Du merlan. C'est le poisson préféré de ma femme », me répondit-il en ajoutant cette raison à ma naïve question sur ce qu'il fallait « prendre aujourd'hui ».

« Oui », dis-je, en reprenant naturellement le jeu. « Et elle le prépare comment ?

– Au court-bouillon, tiède, avec une vinaigrette. »

Cela faisait deux trois mois qu'il travaillait chez un des poissonniers du marché : la jeune femme habituelle un peu forte et un peu vulgaire était enceinte, devait se reposer, et il la remplaçait. Il avait la cinquantaine et il était « garçon poissonnier ».

« Étienne s'occupera bien de vous », m'avait dit le patron, bien plus jeune que lui, gendre du patron précédent et mari de la jeune femme, en m'annonçant l'« arrêt » de celle-ci. Il était beau parleur, voulait me faire acheter du thon, pour le manger cru, mariné au citron comme à Tahiti, où il répétait avoir longtemps vécu. Nous n'étions pas de la même génération ni du même milieu.

Avec Étienne, ce n'était pas pareil. Il était subalterne mais libre aussi, je l'avais déjà deviné, quinze jours auparavant, quand il m'avait déconseillé discrètement du crabe cuit.

« Non, ce n'est pas pour vous, prenez-en un vivant, vous le mettrez dix minutes au congélateur pour l'étourdir. » Puis, en me choisissant une femelle bien pleine, il m'avait donné là aussi la recette de cuisson.

Tout cela m'était revenu juste en sortant du théâtre où j'étais allée seule après avoir dû quitter la chaleur de l'homme de ce temps-là.

Les deux intermèdes avaient été à peu près d'une égale durée ; non, la pièce de théâtre était plus courte d'une heure au moins, elle était courte, même pour une pièce de théâtre, et l'homme partait en voyage pour trois semaines après cette rencontre. Il était davantage... davantage quoi ? Il était à son avantage pour engranger, peut-être.

La pièce était admirable. Le langage complètement cassé, démantibulé, exalté, comme l'homme avant son départ, ou comme je le voyais. Je ne comprenais pas comment on pouvait faire, inventer ainsi, comment il avait bien pu faire. Dans ce texte, sur scène (*Le Dialogue des animaux*, de Valère Novarina), aucun plaisir, aucune jouissance n'étaient nommés, un seul comédien, magnifique, étonnant, leur prêtait un corps si souffrant qu'il en devenait anonyme, et une pensée qui allait jusqu'au bout d'une folie reconstruite.

Moi, j'avais eu la chance d'avoir connu, juste avant, un plaisir partagé et j'étais entière. Les sensations étaient encore là et je comprenais tout, même cette pièce difficile. J'étais devenue humaine et je regrettais tellement que l'auteur, celui qui avait écrit pour cet autre seul-en-scène, semblait n'avoir rien connu de cela ou ne s'en souvenait plus, ou n'en prêtait rien à son personnage : un corps qui sait avoir été heureux même après un départ.

Et là, je ne regrettais même pas de ne pouvoir écrire comme lui et je ne sais pas comment j'ai osé prendre un crayon en rentrant.

Je savais bien que mes mots n'existaient pas en comparaison des siens, mais je me sentais vivre et c'était bien et puis le marchand de poisson avait été gentil avec moi, et en cet instant je n'aurais voulu échanger aucun savoir, aucune gloire, aucun honneur, aucune possibilité contre cette plénitude-là.

En rentrant, j'ai fait cuire le merlan au court-bouillon et l'ai mangé tiède, sans vinaigrette, avec quelques gouttes de citron.

Deux jours plus tard, assez loin de mon quartier, je suis allée sous un prétexte quelconque rechercher la demi-livre de noisettes décortiquées, utiles pour la fabrication d'un gâteau, que j'avais laissée sur des sacs de denrées de l'étroit magasin où je venais d'acheter divers articles d'épicerie.

« Alors, vous avez oublié vos noisettes », me dit, dès qu'elle me vit sur le pas de la porte, la marchande blonde décolorée à la bouche rouge que je connaissais depuis longtemps. « J'ai couru après vous dans la rue mais je ne vous ai pas vue.

– Merci, vous êtes vraiment mignonne, lui dis-je, convaincue.

– C'est la moindre des choses », me répondit-elle.

Et nous en sommes restées là.

Instants

Un moment particulier, où la vie est en équilibre. La mort peut survenir à cet instant précisément. Rien, une réalité d'existence, celle de ce paysage plat d'eau et de sable infini dans le déroulement des lumières et des teintes multipliées ; et la mienne, celle d'un corps délié qui s'est reconnu dans le plaisir donné et reçu, pris peut-être ; et puis à l'arrière-plan comme un arrière-pays apparemment sans failles mais plein de ravins et d'orages, la vie, celle des autres jours creux, avec les ratés, les luttes, les attentes, les compromissions, les tristesses, les aveuglements nécessaires, les déceptions. Alors, au moment exact où j'ai la perception de ce premier plan étendu, heureux, en même temps, simultanément, et de l'autre, cet arrière-plan dur, accidenté, l'un mettant en tension l'autre, tout peut continuer ou s'arrêter, c'est égal, pareil. Tout peut communiquer : une ligne d'horizon si ténue, si imperceptible où la différence entre la vie et la mort n'existe presque pas.

Cerises

Hymne aux cerises, ou retour à Cerisy (dont il ne sera pas question), ou comment s'occuper de soi quand personne ne le fait ni assez ni assez bien, bien sûr

Préambule,
qui sert à commencer, à recommencer, à poursuivre, à continuer ; cela fait des mois et des mois que j'écris l'histoire des cerises, une saison de cerises est déjà passée, c'est déjà l'automne presque l'hiver, cette histoire m'importe maintenant presque autant que son objet, les cerises.

Si je ne m'y suis pas cassé les dents, avec les noyaux cela aurait pu se faire, je me suis cassé un poignet et rompu un tendon d'Achille successivement, alors que j'écrivais « Cerises » (je ne fais pas qu'écrire dans la vie, sinon je ne pourrais sûrement pas acheter des cerises), et comme ça n'a été ni dans un cas ni dans l'autre en tombant d'une échelle parce que je cueillais des cerises, il n'y a aucune raison qu'il y ait un lien entre ces fruits, mes travaux d'écriture, et ces chutes et fractures, sauf la concomitance dans le temps.

En fait, si je n'arrive pas à terminer cette histoire, je sais un peu pourquoi : d'abord parce que ma vie est accrochée à une queue de cerise, et ce, depuis longtemps – pas d'explications, ce serait trop long, trop vaseux et même triste, mais surtout parce que je ne crois pas avoir accroché la queue aux cerises quant à l'écriture, heureusement qu'il y a tous les autres écrivains que j'aime et que je lis.

Ainsi, je m'occupe de mes cerises au lieu de m'occuper de ma pomme, le résultat est le même, pire même, même s'il paraît plus singulier (à force d'écrire même), j'en arrive à me demander pourquoi ce mot, « même », revient tant ; alors je le reconnais, il résonne en moi : j'entends « m'aime », ce sens me revient avec sa précarité, son espoir. Un souvenir de sourire vient aussi, comme cela, sans forme, sans visage, et je sais aussi un peu pourquoi ma vie a été souvent difficile à cavaler après les cerises. Mais surtout, c'est que je me suis promis que je n'essayerai pas de montrer mes écrits à un éditeur (euphémisme pour « chercher un éditeur ») en vue d'une éventuelle publication avant d'avoir fini « Cerises » (ce qui veut dire bien sûr que j'ai l'intention de les « montrer » après) (en fait – pardon de la parenthèse qui suit la parenthèse et n'en est pas une –, ma vie, mon identité, mon existence, sont actuellement accrochées aux cerises, et depuis longtemps entre parenthèses, sans que cela se voie). Cette histoire de cerises, elle devient quand même trop compliquée, elle part dans tous les sens, elle ne se termine jamais, elle se rallonge tout le temps. Oui, mais vraiment, et en même temps c'est un bonheur que de voir le monde à travers les cerises, à travers les cerises que j'aime, toutes les cerises, fruit exquis, multiple à noyau unique.

Reprise et début

Cela fait des semaines et des semaines que j'ai les cerises en tête, en fait je les ai depuis toujours. Mais là, en ce moment, et depuis que je les écris, elles m'habitent de plus en plus et je n'ai même pas la possibilité de m'en débarrasser, de m'en satisfaire, en en mangeant, en en engloutissant autant que j'en veux, plein : ce n'est pas la saison et les fruits hors saison ou surgelés perdent leur goût, leur saveur, leur charme, leur *tam* en yiddish. En yiddish ? Que vient faire le yiddish dans les cerises ? Oui, c'est comme ça, les cerises sont pour moi yiddish aussi parce que j'en ai aussi le goût, et ce, depuis ma petite enfance, un goût d'avant la guerre, où les cerises (et parfois le yiddish) peuvent être les mêmes, avant et après la guerre ; le reste pas.

Tout le monde, toutes les personnes, deux ou trois générations ont disparu alors que le goût des cerises dans la bouche reste, revient, pour de bon, chaque année à la juste saison, avec toutes ses variantes, selon les espèces, selon les endroits, selon les pays, les ensoleillements, avec les mêmes gestes, les mêmes couleurs, le même toucher. Qu'y a-t-il pour moi de plus doux, de plus sûr, de plus légèrement profond que ce goût qui arrive après une interruption, après un temps libre, une pause, après une nouvelle envie, qui s'arrête (il faut bien cracher le noyau et avoir le temps d'en porter une autre, la suivante, à la bouche), qui revient, de nouveau, encore et encore.

Mais comment commencer cette histoire ? Comment décider ? Il y a tant de possibilités, autant, bien plus peut-être, que de variétés de ce fruit pour moi merveilleux. Comment faire ? Eh bien ! par exemple en recopiant les paroles que je n'ai jamais pu apprendre en entier, et dont presque chacun connaît le début, du *Temps des cerises*, de Jean-Baptiste Clément (ne pas citer les auteurs retarderait le temps de la venue du Messie), dédié

« À la vaillante citoyenne Louise
l'ambulancière de la rue
Fontaine-au-Roi le dimanche
28 mai 1871 »

(Je hais la guerre, toutes, tout autant celles qui n'ont pas été la mienne, les anciennes et même celles des justes dédicaces.) et que j'ai trouvées un jour avec bonheur dans *Le Livre d'or de la poésie française.*

Cerises

Quand nous en serons au temps des cerises
Et gai rossignol et merle moqueur
Seront tous en fête
Les belles auront la folie en tête
Et les amoureux du soleil au cœur.
Quand nous en serons au temps des cerises,
Sifflera bien mieux le merle moqueur.

Mais il est bien court le temps des cerises
Où l'on s'en va à deux cueillir en rêvant
Des pendants d'oreilles,
Cerise d'amour aux roses pareilles
Tombant sous la feuille en gouttes de sang.
Mais il est bien court le temps des cerises,
Pendant de corail qu'on cueille en rêvant.

Quand vous en serez au temps des cerises,
Si vous avez peur des chagrins d'amour
Évitez les belles.
Moi qui ne crains pas les peines cruelles,
Je ne vivrais pas sans souffrir un jour.
Quand vous en serez au temps des cerises,
Vous aurez aussi des chagrins d'amour.

J'aimerai toujours le temps des cerises :
C'est de ce temps-là que je garde au cœur
Une plaie ouverte,
Et dame Fortune, en m'étant offerte,

Ne saurait jamais calmer ma douleur.
J'aimerai toujours le temps des cerises
Et le souvenir que je garde au cœur.

Paris – Montmartre, 1886

Donc Jean-Baptiste Clément, lui non plus, n'avait sans doute pas de jardin, mais à cette époque, à Montmartre, il pouvait bien y avoir des cerises.

Ce qui me ravit le plus dans ces paroles, c'est « des pendants d'oreilles », oui, je me souviens, petite fille, ou bien je me fabrique une image d'un souvenir heureux, et maintenant quand je reviens du marché (les cerises industrielles ne sont jamais par deux), moi, presque vieille femme, j'en accroche deux de chaque côté de mon visage et je vais dans la salle de bains délabrée me regarder en riant dans la glace, contente.

Ou bien faudrait-il commencer en me posant la question : quand ai-je connu les cerises pour la première fois ? Réponse : au sein déjà, celui de ma tante Lola, ma mère de lait, ma mère étant très malade, en danger de mort à ma naissance, et moi très maigre. Le doux et le ferme, le noyau, le mamelon que je rejetais. Le sein, cette douce, presque immatérielle, transparente peau aimée de ma tante Lola (Anouk Aimée dans *Lola*, de Jacques Demy, me ramène aussi à elle, mais cela est une autre histoire, une autre suite de sensualité).

Les cerises et les harengs. Il y a même une variété de harengs danois à la cerise, donc ce n'est pas si bête que ça de les associer, d'autant que le Danemark, lui, m'a donné, quand j'étais enfant, du lait en poudre. Cerises et harengs se sont plus tard chevauchés pendant longtemps dans ma vie, mais les cerises datent de bien avant les harengs et puis maintenant que je ne vis plus avec un homme à demeure, que mes fils sont partis (« hareng » est masculin ; « cerise » féminin), que j'ai écrit l'histoire des harengs qui a même été publiée dans *Les Temps modernes*, les harengs ne m'intéressent plus, ou bien moins, presque plus, et j'espère que les cerises ne vont pas prendre le même chemin. Oui, des cerises je peux en manger tout le temps (et elles ne donnent pas soif comme les harengs, au contraire). Quand j'étais petite (enfin, dix onze ans) en France déjà, Dave, le frère de mon oncle Roman, est venu en visite à Paris. Il arrivait de Leeds, en Angleterre, où il faisait les marchés, avec des boutons, des élastiques, des aiguilles (*made in Redding, England*, probablement comme la plupart des aiguilles, regardez sur les paquets), des rubans, de la dentelle au mètre et bien d'autres choses (de la mercerie, en somme), ce qui m'impressionnait déjà beaucoup à l'époque. Il avait une grosse montre en or avec une chaîne et disait, et cela m'est resté parce que plus tard mon oncle Roman se plaisait à le répéter au long des années, que son frère Dave disait comment je mangeais des cerises même en buvant du thé (Dave avait dû venir en juin ou juillet peut-être).

Avant la guerre, toute petite, minuscule, je ne me souviens pas, j'invente, mais je sais, je vois : j'accompagne la belle jeune femme qu'est ma mère, qui hélas l'est toujours restée (grande, brune, droite, bien en chair), au marché à Praga, un faubourg de Varsovie, de l'autre côté de la Vistule, un quartier juif. Je cours derrière elle, ou lui tiens la main, les chaussettes et les chaussures très blanches, des gants blancs aussi peut-être comme sur les deux ou trois photos envoyées en France à la famille pour montrer la « petite ». Des paysannes de la campagne (comme celle, grosse et rouge, des « poulets bulgares ») vendent de tout, dont tous les fruits dont les noms me reviennent là, en polonais, ma langue perdue puis retrouvée avec les sons, les mots, les parfums, les couleurs (sans l'orthographe puisque je ne l'ai jamais sue, mais j'ai pu demander à ma tante, l'autre tante, celle de Paris, puis à une amie).

Truskawki, fraises si odorantes, *jagodiy*, myrtilles bleu-noir un peu âcres, *okrès*, groseilles à maquereau, si rares en France maintenant, vertes et croquantes, duveteuses, *sliwki*, prunes de toutes sortes dont des petites, sombres et presque noires, fermes et juteuses, *porczecki* (j'ai dû demander le mot, je ne le savais plus), groseilles rouges, roses ou blanches en grappes fines et serrées et *wisnie, wisnie, wisnie*, cerises, toutes les cerises, toutes les cerises de ma mère (quand en Grèce pour la première fois, j'ai entendu le mot *wisnie*, le même, exactement le même, mon cœur a fait un bond). Ma mère me dit de faire attention, m'apprend à cracher le noyau *do raczki*, dans ma petite main, j'apprends, j'obéis mais j'en veux encore et encore. Elles sont transparentes, *sklanki*, je me souviens du nom encore tant d'années après – je les reconnais : une variété de griottes (les montmorency), c'est le même mot « transparent » que pour les verres, les grands verres hauts à boire le thé, l'eau (pas la vodka, c'est un autre mot qui n'a rien à voir), je me souviens du goût, transparent lui aussi, léger, aigre-doux (mon goût de l'aigre-doux doit venir de là). Tout est là, ma mère est là, elle me guide, me donne, m'apprend, me montre, ce qui est bon, les limites aussi, *dosyć, dosyć*, assez, assez. Non, non, encore. Elle est là, elle est là sans que je le sache chaque fois que je mange des cerises, dans chaque cerise, chaque fois que je crache le noyau, dans chaque noyau ; pour toujours j'obéis naturellement à la parole de ma mère, qui sera suivie d'un plaisir, la cerise suivante, et encore et ainsi de suite et même, le dernier noyau aura encore gardé quelque chose du goût, sa rondeur peut-être. Elle sourit. Elle dit. Elle est là. Puis elle n'est plus là. Entre ce moment-là et de nouveau les cerises, il y a le ghetto. Pas de cerises.

Y a pas d'cerises en Alaska
Outchi outchi outchi ouah ouah ouah
Sur la banquise pas d'chocolat

outchi outchi outchi ouah ouah ouah
Mais il y a un Esquimau autour d'un brasero
Écoutez l'un d'eux qui sur son banjo
Joue un air de son pays
Le pays du soleil de minuit
Woudji woudji woudji awahwah !

Y a pas d'cerises en Alaska
Sur la banquise pas d'mimosas
Pas de macaronis ni de bouillon gras
Woudji woudji woudji awahwah !

Mais il y a deux Esquimaux autour d'un brasero
Écoutez...

que j'aimais chanter, sans doute pour les cerises, aux Éclaireuses (EI, Éclaireuses israélites de France, devise : *Toujours prêtes*) en arrivant en France avec Lucy, ma cheftaine de clan, devenue mon amie de toujours. Aux Éclaireuses j'ai tenu trois mois : la discipline, l'uniforme, la promesse (et surtout pas question de voler des cerises, « ton front buté de voleuse de cerises », dit Julien Gracq à la femme aimée, désirée* : je veux toujours, si je n'en ai pas, vouloir voler des cerises) ne m'allaient pas et puis on voulait me totémiser on ne savait pas comment

* Julien Gracq, *Prose pour l'étrangère*, Bibliothèque de la Pléiade, p. 1035.

(comme si un vrai nom ne suffisait pas), je n'étais pas définie à leurs yeux, mais « casse-cou, casse-pieds » – les adjectifs, oui, elles savaient les distribuer. Toutes les nuits, je hurlais en dormant, c'est Lucy qui, des années après, frappée qu'elle en avait été, me l'a dit, d'autant que le matin je disais avoir bien dormi, rien rêvé et que tout allait bien. Tout va bien. « Tu avais un petit côté pas d'ici », répond-elle maintenant à mes questions.

Avant, dans la campagne polonaise, cachée sous un faux nom, seule mais libre, libre des SS quotidiens, de leur *Schnell, schnell, raus !* (« Vite, vite, dehors ! »), apparemment l'une des clefs de mon existence avec quelques cerises sans doute, mais je ne m'en souviens pas, les cerises poussent-elles sur les arbres en temps de guerre ? des pommes vertes, de l'oseille des prés, du *żurek* (soupe de farine de seigle fermentée), oui, toujours un goût aigre-doux, surtout pas de sucré (même pas pour les cerises), non pas trop doux, il faut se rappeler, savoir, poursuivre, continuer. Puis la rue de Turenne aux hautes fenêtres à Paris, où je me cachais dans le grand placard pour boire du vinaigre à la bouteille toujours rien de doux, surtout pas.

Puis les cerises ont réapparu et je ne les quitterai plus, mais jamais je n'aurai de cerisiers, avant je n'en avais pas eu non plus, alors, pas question de faire mieux après.

Chaque année, chaque mois de juin, de juillet (le mois de ma naissance, d'où peut-être le goût de ce fruit à défaut de celui de moi-même, quoi que vous en pensiez messieurs-dames, et en dépit de ma littérature nombriliste), dans mes itinéraires parisiens très compliqués et ceux de la banlieue proche où j'habite, comme à Praga dans le temps, faubourg pauvre de Varsovie, je trouve, et toujours sans jardin, presque toutes les variétés que j'aime (voir tentatives de description plus loin) de mon fruit préféré. Entre les harengs et les cerises sous toutes leurs formes, avec des œufs parfois mais je vous les épargnerai, tous les jours de toutes les années peuvent être couverts, reconnus, connus, suivis, familiers, aimés (encore comme les harengs, cerises – harengs, un même combat contre l'oubli, contre la disparition, que dis-je, contre la mort juste par des nourritures quotidiennes).

Je serais même capable de retourner dans un pays exprès pour les cerises. Ainsi, en Grèce (non, pas en Pologne, une seule fois après vingt-sept ans d'absence : Varsovie, Auschwitz, Zakopane, où mon père allait skier, m'ont suffi et ce n'était pas le temps des cerises, maintenant je préfère trouver mes cerises ailleurs), dans le Péloponnèse, en hauteur dans la montagne en août, tardives, l'aubaine, la chance : le long d'une route, de vieilles gens cueillaient des cerises, lui sur l'échelle, elle au pied de l'arbre avec un panier d'osier. Je les ai aperçues, je les ai vues, j'ai vite demandé à mon compagnon de faire marche arrière, j'étais seule avec les cerises. Nous nous sommes arrêtés. J'ai parlé : *wisnie*[*], oui c'était bien le même mot, il venait même de ce pays-là, la Grèce. Elles étaient bonnes, délicieuses, fraîches, sucrées et aigres, elles étaient chères aussi, la vieille femme connaissait bien le prix des choses, qu'importe, c'était bien ainsi, elle voulait bien m'en vendre. Elle nous en a pesé avec l'aide de l'homme plusieurs kilos sur une balance à fléau en cuivre avec un seul plateau, antique (nous venions de visiter de grands sites), nous étions deux, mais il m'en fallait plusieurs kilos : je savais bien que nous n'allions pas en retrouver de pareilles ailleurs, et que je ne pourrais pas revenir. C'était un pays magique, on passait des bananes aux cerises en deux heures. C'était mon Acropole, mon Mycènes à moi, bien mieux, le goût, les gens, les arbres, les petites feuilles régulières autour des fruits, le plaisir dans la bouche, le noyau craché, la chair suave, encore le noyau, encore une, encore, ça recommence, le même goût un peu plus proche, c'est bon, c'est délicieux, c'est l'ultime plaisir sûr (et sur aussi) reconnu, retrouvé, ressenti. Ô cerises ! Je pourrais bien, si j'étais libre de moi, retourner dans ce pays, mais serait-ce une liberté ? Refaire ce voyage rien que pour retrouver

* En fait, mes langues sont approximatives bien que souvent j'arrive à me faire comprendre : « vissino », *βεσσινο* en grec, me dit une chère amie, ce sont les cerises anglaises, celles que je préfère, c'en était, ça tombait bien. Le mot courant est « kerassi », *κερασι* dans la version, je le connaissais, mais c'est le mot maternel dans le thème qui est venu.

les cerises, et aussi un grand peigne bleu vif que j'avais acheté dans une épicerie de village à l'entrée de la vallée, juste après un pont, et que j'ai perdu cet hiver, hélas (on peut retrouver un peigne, alors que des gens, un amour...), il faut retrouver, garder au moins les choses.

Bien après cela, bien après ce voyage, alors que mon compagnon est devenu l'homme qui vit ailleurs, après avoir presque renoncé (mais ce n'était pas la première fois et l'envie m'en était revenue) à avoir une maison avec jardin, fleurs, grenier (pour tout garder) et harengs gras nageant dans un bassin devant (à la place des poissons rouges), et bien sûr verger de cerises, après que l'idée que jamais je n'aurais tout cela ne m'a presque plus fait mal, j'ai pensé à acheter des livres traitant des cerises, à défaut de traiter les cerisiers. « Traiter », pour des gens, au pluriel, depuis que j'ai eu la guerre, ça, je ne peux pas le prononcer, alors qu'au singulier ça fait partie de mon métier. Traiter des cerises, on s'arrange comme on peut.

Drôle d'idée, c'est presque l'ascèse, je connaissais déjà un peu, remplacer une chose par une autre, moins réelle, mais des cerises par du papier, misère. Et écrire, c'est quoi alors ? Mais après tout c'est peut-être bien ainsi, ce serait une des façons d'être une femme du livre (le petit *f* et le petit *l* ne sont pas des fautes de frappe), des harengs et des cerises à la fois.

Ce qu'il peut y avoir de semblable pour moi entre les cerises et les livres, c'est que j'ai les yeux plus gros que le ventre, mais des cerises, je n'en ai jamais assez et elles me l'ont bien rendu : elles ne m'ont jamais rendue malade, je les aime trop. Les livres, par contre, comme les plantes (faute de harengs en étang ou en tonneau), ont depuis longtemps envahi ma maison, sur toutes les étagères, sur les meubles, par terre dans toutes les pièces (je me nourris comme je peux), pour les cerises ce n'est pas possible : différence entre une denrée périssable et pas, les plantes sont intermédiaires. Il est vrai que manger des cerises est bien plus facile que « dévorer des livres », d'autant plus si la qualité est bonne, c'est même délicieux, il faut juste se donner la peine de continuer (ici peut-être me lire commence à bien faire) et de cracher les noyaux, mais il y a une saison, un temps, alors qu'avec les livres jusqu'à la cécité (ou au fromage dans la tête). Cécité, satiété.

Un livre sur les cerises, des cerises aux livres, « Une livre de cerises, madame s'il vous plaît ! ». Non, c'est ridicule, c'est trop peu, « Non, mettez-m'en un kilo, ou bien trois livres ». Manger des cerises dans les livres.

Bien des années avant, alors que je venais juste d'apprendre à lire, tardivement, vers onze douze ans (pendant la guerre, personne n'avait eu le temps de m'apprendre, ou la géographie, et j'avais d'autres priorités que d'essayer seule), j'achetai, presque en cachette, *Rustica*, journal agricole alors, comme je ne l'ai que déjà trop répété ; pas le moindre champ, pas le moindre jardin ne se profilait à mon horizon si ce n'est la place des Vosges à la perspective classique et aux bâtisses alors délabrées parce que trop difficiles à chauffer, aux vitres encore cassées, et au square du Parc-Royal où je jouais encore aux billes et gagnais parfois contre les garçons (j'avais bien fait part à ma tante du souhait de partir l'été « en vacances à la ferme », mais cela ne s'était jamais fait). Sur les pages rêches, un peu grises, de ce journal pauvre, je regardais soigneusement les planches expliquant comment conserver les pommes sur des claies (c'est là que j'ai appris ce mot) au grenier (voyez l'utilité d'avoir une maison) l'hiver, comment réussir les semis de tomates, ou comment construire soi-même une couveuse pour trente-six poussins sans perte. Maintenant, après presque toute une vie passée, après avoir eu deux fils partis depuis presque longtemps déjà de la maison, j'ai élargi mon monde, j'ai goûté pour de vrai à d'autres fruits, exotiques, jusqu'à m'en faire moquer : aux jujubes, aux nèfles, aux papayes, aux grenades, aux kiwis, aux kakis, aux mangues, aux fruits de la passion, aux mangoustans, mandarines, oranges, ananas, bananes bien sûr, annones ou pommes-cannelle, figues de barbarie, figues (je ne connaissais aucun de leurs noms en polonais sauf *figa*, ce qui veut dire aussi rien, d'une comptine, « *figa z makiem z pasternakiem* », « de la figue avec du pavot et rien »), mais moi, ce sont les cerises, leur goût, leurs variétés, leur culture qui m'intéressent et ainsi, peu à peu j'en arrive à presque l'essentiel : hélas pour moi, les livres. Mais dans la ville, et dans une ville aussi culturelle que Paris, il n'est pas aisé de trouver des livres sur les cerises, soit parce que les cerisiers ne poussent pas sur les trottoirs (et pourquoi pas, plutôt que des platanes, il y aurait quinze jours par an des fruits dans la ville pour les merles et les gens), soit parce qu'il n'y a pas assez d'amateurs. J'ai commencé par chercher chez Despalles, qui est le magasin de plantes que je préfère à Paris, pas celui du boulevard Saint-Germain, mais celui du 3 *ter*, rue d'Alésia, où dans une cour ouverte, carrée, pour moi magique, bourrée de toutes sortes d'arbustes, de plantes et de fleurs, des vendeurs jeunes, souvent gentils, qui savent tout, vous expliquent tout même si vous ne plantez jamais rien (comme les vendeuses des merceries, et parfois certains libraires), mais là, pas de cerisiers, rien sur les cerises. C'est l'un d'eux qui m'a envoyée pour ce que je voulais à La Maison rustique, rue Jacob. C'est mon amie américaine qui tape mes histoires et m'engage à en écrire qui y est allée pour moi parce qu'entre-temps je me suis cassé le bras, enfin le poignet droit avec lequel aujourd'hui j'écris, non en tombant d'une échelle pour cueillir des cerises mais en courant sous la pluie pour aller acheter du soja chez les Chinois ; quand on est étranger dans un pays, il faut se tenir chaud avec d'autres étrangers et élargir son monde en vivant un peu dangereusement. Mais le livre trouvé n'était pas le bon, trop succinct, joli, c'est tout. Puis je me suis fait amener par l'ami américain qui vit ailleurs, je ne pouvais pas conduire, pourquoi y a-t-il tant d'Américains dans ma vie, si ce n'est : Débarquement, juin 1944 ; libération de Paris, août 1944 ; libération des camps, avril-mai 1945 ; je ne les ai pas connus ensemble, ou bien serait-ce plus simplement parce qu'ils sont des émigrés, volontaires, eux, en Europe, de passage à Paris par une chaleur brûlante.

C'est à la librairie du Muséum d'histoire naturelle, derrière le Jardin des plantes, alors que je ne trouvais toujours pas ce que je cherchais – les cerises dans des livres ! – qu'une personne obligeante m'a donné l'adresse de la Société nationale d'horticulture de France : « Vous trouverez là-bas tout ce que vous voulez. » Et c'est ainsi que j'ai abouti auprès de M. Renouf – il m'a donné sa carte –, le savant et charmant bibliothécaire, qui avait, lui, absolument toutes les variétés de cerises enfin, à la fin du mois de septembre et en plein cœur de Paris.

Dans ce lieu clair, calme, où séjournent tous les légumes, toutes les plantes, tous les fruits, *toutes les cerises*, ouvert quelques demi-journées par semaine et aussi assez souvent fermé, et dans la folie de mes occupations multiples, j'ai passé quand même quelques heures, ravie, avec les cerises. J'y ai presque rencontré un homme aussi, l'atmosphère s'y prêtait, lui, il venait pour les fuchsias, il faisait même partie de la section « Fuchsia » de la Société d'horticulture de France (c'est mieux que la section spéciale, même s'il y a « section ») et connaissait tous les fuchsias (bien plus que moi les cerises), autre univers magnifiquement coloré ; il en avait un pied de deux mètres sur sa fenêtre, c'est tout ; sa campagne à lui était trop lointaine, les fuchsias demandant des arrosages fréquents. Il m'a proposé de partir avec lui, nous allions dans la même direction, mais il était en métro et moi en voiture, il ne pouvait donc pas me raccompagner et je n'étais pas du tout sûre que les cerises et les fuchsias se mariaient bien ensemble, d'ailleurs lui l'était, marié, et rien ne s'est produit, dommage peut-être, nous en sommes restés là, comme avec l'homme des harengs.

J'avais admiré, lu un peu pendant quelques heures, *La Pomologie générale*, et *Le Verger* par A. Mas. Comme j'aurais voulu le connaître, A. Mas ! Comme je l'enviais ! Quelle chance il a eu d'avoir passé une partie de sa vie pour de vrai avec les cerises, à les regarder, à les toucher, à les sentir, à les goûter, à les décrire ! Ça, c'est une vie ! Je n'étais à côté de lui qu'une pâle novice.

Dans ces pages, le bonheur, toutes les variétés, tous les noms, toutes les descriptions, les lieux de culture, les rameaux, les pousses, les fleurs, les goûts et même des images, dont certaines pour être plus vraies étaient repeintes à la main. M. R. m'avait promis de m'en envoyer quelques photocopies, les livres étaient épuisés et j'aurais voulu tout garder, je payais d'avance et bien moins cher que les tonnes de cerises qu'elles m'apportaient, bien moins même que le plaisir de les avoir, ne serait-ce que sur papier. J'ai pris un grand plaisir à lire tout ce que j'ai pu à la bibliothèque et j'aurais aimé le partager avec vous, j'en garde quelques photocopies, j'en ai des pages... J'en ai des pages aussi sur la culture du cerisier, son origine, sur ses caractères botaniques, ses caractères végétatifs, son mode de fructification, la pollinisation ; sur les exigences climatiques, le sol, la fumure, la multiplication (semis, drageonnage, greffage), les formes et modes de culture, la taille et les opérations diverses (taille de formation, de fructification, de restauration, incision longitudinale), sur les ennemis des cerisiers : sur les racines et les collets, capnode, sur les troncs et les branches, cossus gâte-bois zeuzère (il y a bien sûr des dessins), scolytes, cochenilles, sur les jeunes pousses et feuilles, il y en a quatre pages rien que pour les titres, puis les maladies, bon, je passe ; je passe à la cueillette, deux trois lignes d'un chapitre : « Doit s'effectuer le matin de préférence, il faut opérer avec prudence sans casser les bouquets de mai représentant l'avenir de la fructification. » Quel monde ! Quelle prose ! Les descriptions des fruits surtout me ravissent, regardez, revenez en arrière.

Peau : fine, souple, un peu transparente.

Chair : d'un rouge intense, abondante en jus coloré, d'abord acide prononcé, qui devient rafraîchissant, agréable à l'entière maturité.

Variétés : impériale ; d'un blanc jaunâtre, très ferme, croquante, suffisante en suc incolore, sucré, relevé d'un parfum exaltant, constituant un fruit très agréable. Ou bien : bigarreau Napoléon ; ou bien : jaunâtre, un peu ferme, abondante en jus incolore, peu sucré, relevé d'une acidité un peu vive qui se modifie cependant à l'extrême maturité. Ou bien encore : Montmorency. Griotte, l'une de celles que je préfère, que je reconnais, à l'infini presque.

Oh ! j'aime lire l'inventaire et la description de chaque cerise, mais quand j'en ai la possibilité, je préfère quand même les manger, les goûter pour de vrai, pas avec des mots.

De la vie, quitte à en être déçue.

Avec les cerises, cela n'arrive presque jamais, c'est bien pour cela que je les aime tant.

Pour éviter les déceptions, j'ai renoncé maintenant définitivement, après de multiples essais, aux burlats. Ce n'est pas parce qu'elles sont les plus communes dans le commerce, mais celles que l'on trouve couramment ne sont que des copies de cerises, industrielles sans doute, elles en ont toute l'apparence, la rondeur, la couleur, la queue, le noyau mais le goût : aucun pour moi, une chair molle fade et insipide, toujours pareille.

Tout ce qui reste de cerise, c'est le geste de l'intoxiquée : porter le fruit à sa bouche, la chair et le noyau se séparent, cracher le noyau, recommencer, je m'y suis laissé prendre pendant des années, surtout au début de la saison, elles sont à Paris pour ainsi dire les premières (les cerise de luxe en décembre ne me font même pas envie), c'est tentant après toute une année sans, mais le désappointement est tel que je préfère maintenant attendre. Pour les autres, mes goûts sont simples : je les aime toutes. Les anglaises, difficiles à trouver, bonnes même si elles sont un peu passées, gardent du charme, elles « tournent » bien, d'autres pas, pourrissant, comme les marmottes, les reverchons, elles, doivent quoi qu'il en soit rester croquantes.

Alors, comment commencer l'histoire des cerises quand il y a tant d'entrées et de sorties pour une histoire ? Vous pouvez bien vous arrêter de lire et aller acheter une livre de cerises si c'est la saison, de toute façon c'est plutôt une lecture d'hiver. Je peux manger des cerises de tant de façons différentes alors que je sais bien ne pas avoir accroché la queue aux cerises.

Cette année pour la première fois, au marché, on vendait des cerises sans queues, moins chères, à cause de la cueillette mécanique sans doute, elles venaient d'Espagne, elles étaient bonnes, mais ça n'allait pas, en tant que cerises crues ainsi amputées, elles n'avaient plus leur goût, il ne fallait plus arracher la queue aux cerises, vite en arrivant à la maison j'en ai fait de la compote. Alors, maintenant je vais énumérer sous quelles formes je connais et j'aime les cerises. Toutes, sauf les cerises confites : l'apparence seule (comme pour les burlats) est sauve, et encore, la couleur est trop rouge et doit bien être artificielle, le sucre tue le goût et il n'y a même pas de noyau : la déception est assurée.

– Alors, cerises crues, je ne vais pas recommencer, description, énumération, hymne et émerveillement, je parlerai d'abord de celles cueillies à l'arbre et que je connais peu, n'ayant pas eu d'arbre. C'est beau et il en reste toujours, sauf qu'elles sont de plus en plus hautes, donc difficiles à atteindre ; celles d'un sac en papier dans la rue, au marché, dans la voiture, dans le métro (en offrir à quelqu'un d'inconnu surprend et plaît toujours, proposer des cerises comme technique de drague ?), d'un beau compotier en faïence bien plein d'où elles débordent à la maison, de n'importe où pourvu qu'il y en ait assez.

– Soupe de cerises, *zupa*, polonaise, jamais réussie par moi, avec des cerises aigres et de la crème fraîche, se mange tiède ou froide.

– Compote de griottes ou de napoléons, pas trop cuites, peu d'eau, avec quelques fraises jetées dedans à la dernière minute pour l'odeur.

– Clafoutis avec des marmottes éblouissantes et sucrées, le jus noir s'étale dans la pâte, comme de l'encre sur un buvard, délicieux.

– Cerises au vinaigre, curieuses, incongrues, le goût est presque toujours abrasé par le vinaigre mais l'intention y est.

— Coulis de cerise que je n'ai jamais pu faire – pas assez de cerises.

— Cerises marinées au soleil, à la russe (où mettre Tchékhov et *La Cerisaie** ?) : griottes dans une bonbonne, sucre cristallisé, bord de fenêtre ensoleillé, tourner chaque jour le récipient jusqu'à ce que la fermentation se fasse, laisser reposer au frais, je n'ai presque jamais essayé, l'année prochaine, peut-être, quand « Cerises » sera finie.

— Tartelettes aux cerises, et cerises autour des canards aux cerises en gelée tout découpé dans les quelques réceptions chics que j'ai fréquentées : quelconques.

— Cerises au naturel : celles des boîtes, quelconques, affadies ; celles des bocaux, je n'en ai jamais fait moi-même faute de maison, de cerisier, etc., dans des bocaux verts du commerce trouvés parfois, hongroises, pas mal, à avaler tout le bocal goulûment.

— Cerises à l'eau-de-vie : alcool à 90° coupé d'eau, queues un peu coupées, jolies dans bocaux fermés avec joint en caoutchouc, j'ajoutais le sucre en morceaux bocal après bocal juste avant la consommation, succès domestique facile, j'en ai fait beaucoup lors de mon mariage, un peu après, puis plus du tout.

— Guignolet, kirsch : alcools, je ne connais pas.

* La dernière pièce d'un écrivain russe (1860-1904) qui pratiqua longtemps la médecine.

– *Βεσσινο* (« vissino ») et *γλυκά του κουταλιού (glika tou koutaliou)*, préparation grecque, la première cuillerée délicieuse, après trop sucré, bonne pour mettre dans du mauvais thé.

– Sirop de cerise, rapporté de Grèce dans valise, un miracle qu'aucune bouteille ne se soit jamais cassée, pendant des années, pour mon oncle, mon cher oncle Roman, qui aimait en mélanger un peu à de la vodka dans une carafe et en boire un petit verre de temps en temps.

– Confitures de cerises diverses du commerce souvent essayées, je n'en ai jamais fait moi-même (de fraises, d'abricots si) j'aurais dû ne pas manger toutes les cerises achetées (encore pas de cerisiers), j'ai acheté cependant à cet effet il y a des années un appareil à dénoyauter les cerises, jamais utilisé.

– Confipote « + de fruits – de sucres » de Lenzbourg, pas mal quand il n'y a rien d'autre, malgré l'affreuse appellation.

Deux formes (bonnes, acceptables) pour se substituer aux cerises hors saison.

– Griottes surgelées de Yougoslavie (les paquets vont jusqu'en 1994) « à accommoder de diverses façons », juste dégelées, sont délicieuses, vendues dénoyautées.

– Petites cerises séchées de Turquie que je ne trouve que dans un seul magasin à Paris, Izraël, c'est son nom, rue François-Miron, les seules avec les guignes sauvages dont le noyau est plus gros que la chair, le goût reste longtemps même avec le noyau seul dans la bouche, l'odeur presque ; merveilleuses et je peux les mettre dans ma poche par temps triste.

– Et puis fausses cerises naïves, charmantes, grossières copies pour mettre sur les chapeaux de paille ou au coin du décolleté de corsage blanc un peu empesé à manches bouffantes (oui bouffer, bouffer, bouffer des cerises) comme on n'en fait plus, et qui me plaisent quand même.

Et tous les lys quand vos soldats ô roi Hérode
*L'emmenèrent se sont flétris dans mon jardin.**

Quand mon enfant est tombé d'une échelle, quand il s'est trouvé dans le coma, toutes mes cerises ont disparu, le monde était devenu à jamais sans cerises. Rien d'autre que sa vie, sa santé, son intégrité n'existaient plus pour moi ; alors même que c'était la saison, les cerises sont complètement sorties de moi. J'en achetais encore cependant comme une automate qui a aimé, a vécu pour les infirmières, puis j'ai eu honte et je n'en ai plus acheté quand j'ai appris que le jeune garçon à côté, nu aussi comme mon fils et branché de tous les côtés, encore plus gravement atteint, était, lui, tombé d'un cerisier. Les infirmières le pinçaient en disant : « Cham, Cham (c'est son nom) réveille-toi,

* Guillaume Apollinaire, « Salomé », *Alcools*.

ouvre les yeux... » Et alors j'ai détesté les cerisiers, tous, les cerises, et je me demandais à quoi ça servait de s'occuper des cerises, et même des enfants, et j'étais sûre que jamais plus je ne mangerais de cerises.

Après que mon fils (le possessif me gêne, il soulève tant de questions : qui est à qui ? Est-ce que quelqu'un peut être à quelqu'un, si oui jusqu'où et comment ? mais la langue ne prévoit pas autre chose) est sorti du coma et prêt à quitter cet hôpital, je suis allée demander des nouvelles de Cham, qui était resté en réanimation, on m'a répondu assez sèchement qu'il avait été transféré dans un autre service. Etait-ce vrai ? Où ? Cependant les cerises sont revenues, d'abord timidement, c'était la fin de la saison, j'en mangeais quelques-unes lorsque j'achetais pour mon fils celles qu'il aimait, les mêmes que moi, maintenant qu'il pouvait manger. Puis j'ai acheté de nouveau des fleurs pour la maison, j'ai fait un gâteau aux pommes, j'ai eu envie un peu de revoir mon bon ami. La vie est nécessaire à la vie. Envisager de reprendre cette histoire, d'écrire à nouveau, a été bien plus long, des mois. Cela ne faisait plus partie de moi, n'existait plus, était sorti de moi. Ma cerise ne m'intéressait plus, déjà que j'ai du mal, quoi qu'il en paraisse. Oui, je sais bien, déjà il ne faut pas être très douée pour avoir mis si longtemps à écrire ces quelques pages, mais ma profession n'est pas écrivain et je doute complètement, maintenant plus que jamais, d'une quelconque qualité de ce que j'écris, alors que pour les cerises, quand la qualité est bonne, elles sont bonnes, c'est simple.

Puis j'ai pu reprendre, doucement, après avoir eu une jambe cinq semaines dans le plâtre, ce qui m'a donné quelques loisirs. Deux fractures, le coma du fils, le temps d'écrire « Cerises », c'est après tout une façon de tomber d'un cerisier sans avoir de cerises, restent les fractures qui consolident. Parfois, c'est difficile de continuer les choses que l'on aime : les cerises dans la vie, heureusement pour vous, c'est presque fini, *dosyć*, assez, donc, ça suffit, pour moi aussi. Quand un grand chagrin, immense, remonte amenant avec lui une lame de fond de boue d'horreur, justement, non injustement, quand un, deux, espoirs profonds et un peu doux tombent, quand l'histoire ramène les fanatismes et les dangers, les cerises peuvent-elles exister encore ?

Lutte pour la continuité des cerises dans mon cœur. Quand, au lieu d'acheter de la glace au café, comme toute sa vie ma tante l'a aimée et que je prenais même quand elle n'était pas là, ou de la glace à la vanille pour l'homme qui vit ailleurs, quand j'ai arrêté de chercher quelle était la glace commune que préféraient les enfants – était-ce coco ou fraise ? – et que j'ai acheté trois quarts de litre de glace à la cerise (il n'y avait pas de demi-litres et j'ai acheté quand même), alors j'ai su que les cerises avaient un peu gagné et que pour autant je n'étais pas une mauvaise femme.

Cerises

Les dinosaures ont disparu, on ne sait pas trop bien comment, les cerises restent avec leurs noyaux, heureusement. Mon intérêt pour les cerises ne viendrait-il pas du fait que je n'ai pas de cerisiers ? Restons simple, j'aime les cerises, passionnément. Et puis j'espère que l'histoire des cerises ne me fera pas le coup de l'histoire des harengs et que je continuerai à aimer les cerises, mais les cerises se cueillent toutes crues, toutes prêtes alors, et puis... « Veuillez agréez mes salutations distinguées sentant bon le café, le soleil et la confiture de cerises*. »

* Robert Walser, *L'Homme à tout faire*, L'Âge d'homme, 1936, p. 76.

Suite provisoire
Faites le signe de croix et vous croirez

Prière

Quand j'étais un petit enfant
Ma mère ne m'habillait que de bleu et de blanc
Ô Sainte Vierge
M'aimez-vous encore
        Moi je sais bien
        Que je vous aimerai
        Jusqu'à ma mort
        Et cependant c'est bien fini
Je ne crois plus au ciel ni à l'enfer
Je ne crois plus je ne crois plus
        Le matelot qui fut sauvé
Pour n'avoir jamais oublié
De dire chaque jour un Ave
Me ressemblait me ressemblait.

Guillaume Apollinaire,
« Le Guetteur mélancolique », *Poèmes retrouvés*

Je fais le signe de croix et je ne crois pas ; jusqu'à présent personne ne le sait, aurais-je honte ? Je fais le signe de croix en cachette, aurais-je honte ? Honte d'avoir été une petite fille cachée, une petite fille juive cachée pendant la guerre, honte de continuer à faire le signe de croix qu'on m'avait sans doute appris, ou que j'avais appris en regardant.

Je le fais dans des circonstances apparemment banales, toujours en étant seule, à la maison quand je cherche quelque chose que je ne retrouve pas, parfois peut-être quand j'attends quelque chose de quelqu'un qui ne vient pas, comme je le faisais sans doute sans me cacher, petite fille juive qui allait, les chaussures à la main à la messe le dimanche matin, et à qui on avait appris auparavant qu'elle devait oublier qu'elle était juive, qu'elle devait oublier son nom, le nom de ses parents, et qui a pleuré quand elle a appris, à la fin de la guerre, par sa tante sans doute qui était venue la chercher, qu'elle était juive, parce que les juifs avaient tué le petit Jésus.

Et maintenant quand je perds, et toutes les occasions sont bonnes pour perdre, donc pour chercher, quoi ? qui ? mes parents, ma mère, que j'attendais ? Les plus fortes de ces recherches sont celles de mes stylos, pas n'importe lesquels, ceux avec lesquels je peux écrire mes histoires, mes gribouillages, qui ne sortent pas de la maison sauf quand je pars en voyage. Quand j'en égare un, c'est un drame, même si je crois savoir pourquoi, j'ai déjà perdu le seul objet que j'avais ayant appartenu à ma mère : un stylo à mine recouvert d'une dentelle d'argent, un Parker peut-être. Je l'ai perdu sur le bateau en revenant d'Israël, ma tante me l'ayant donné à mon départ, alors qu'à l'aller sur le même bateau j'avais eu une première histoire amoureuse et qui a duré, en partie cachée, tout le long de ce séjour, sur le bateau de retour et même après.

Et maintenant, la vieillesse venue, je fais toujours le signe de croix, plus encore peut-être. Comment vivre ? Les ivresses à la Baudelaire – « Il faut toujours être ivre [...] De vin, de poésie ou de vertu, à votre guise... » – ont disparu, et la fragilité est grande, cachée au fond, et tout, les moindres manquements affectifs inattendus, immérités selon moi, m'anéantissent. Que faire ? Comment finir cette vie, ma vie, qui a eu à porter celle des autres, des parents, mais aussi de tous les autres, un peu au moins, sans le savoir, en étant là, en tâchant d'être toujours là, présente comme il faut, correcte pour eux, eux, qui ? Ceux d'alors auxquels on ne jetait pas un regard bienveillant, pas un morceau de pain.

Alors à Dieu, auquel je ne crois pas, je fais le signe de croix pour qu'il soit là, présent, pour qu'il me soutienne, qu'il m'aide à retrouver comme à tous ceux qui, eux, croient, un espoir, un espoir de continuer encore, quoi ? La vie, ma vie, celle que j'ai pu garder, vivre.

Post-scriptum : découverte, suite, (langue, variante, reconstitution)

En écrivant « Faites le signe de croix... » m'est revenu à l'esprit le nom du village en Pologne où j'étais cachée (en fait pas cachée, « juste » sous un faux nom, une fausse famille) pendant la dernière partie de la guerre. Je n'ai jamais oublié le nom de ce village alors que ma mémoire est comme une passoire, comme du gruyère à gros trous mais, grâce à mon parfait accent polonais, lui jamais perdu, oublié, mon fils aîné à qui je l'ai demandé et pour lequel la phonétique et Internet n'ont pas de secrets a retrouvé l'orthographe du nom de ce village, Krzyżówka, et même sa position géographique (à 55 km au sud-ouest de Varsovie). J'en comprenais aussi le sens, « croisée », comme la croisée des chemins, et entendais aussi que *krzyż* dans ce mot voulait dire « croix », la Croix. Alors j'ai appelé une ancienne collègue, polonaise et traductrice, pour avaliser mes souvenirs, mes connaissances d'enfant. Elle a confirmé, en ajoutant que ce mot était souvent utilisé maintenant dans le langage courant pour dire « mots croisés » : on fait une *krzyżówka.* Je ne pouvais connaître ce sens-là puisqu'en Pologne j'étais restée analphabète – sauf un court début d'apprentissage les trois ou quatre premiers mois après la fin de la guerre, après lesquels mon séjour dans ce pays béni a pris fin – et les personnes de mon entourage étaient aussi quasi analphabètes ou avaient en tout cas d'autres chats à fouetter que de faire des mots croisés. Et les mots croisés, dans toutes les langues y compris le français, que j'ai commencé à parler à neuf ans et demi et enfin appris à lire et à écrire, sont restés un mystère pour moi.

Je me retrouve donc dans ce village qui a ce nom alors que j'attendais le retour de mes parents perdus avec sans doute de leur part une promesse de retour, faisant le signe de croix, là permis, pour demander leur retour, demande suprême, ensuite, tout le temps en cachette, pour retrouver toute chose perdue. La perte de toute chose étant devenue insupportable sauf si la chose peut être retrouvée, c'est alors un bonheur, une victoire, ou si elle peut être remplacée à l'identique, rachetée par exemple, et ainsi le signe de croix longtemps après continue à être fait.

Sauf que maintenant j'en ai assez de ce méli-mélo, de la Pologne, mais pas de la langue polonaise, ma langue, ma langue avec mes parents.

J'en ai assez de tenter de comprendre ce qui n'est pas compréhensible, même si cela aiguise l'intelligence, prétendue spécialité juive avec les boulettes et la carpe farcie.

J'en ai assez d'attendre le retour de mes parents en faisant le signe de croix (*krzyż*) en catimini lors de toute perte vraie ou inventée à cet effet, alors que, de toute façon, j'ai depuis longtemps dépassé l'âge d'avoir des parents en vie.

Ein sof, « sans fin » en hébreu, assez, c'est assez. Heureusement j'ai beaucoup écouté, de diverses façons, les autres, d'autres humains, différents, à mon travail et pas seulement ; ainsi heureusement je ne me suis pas occupée que de moi, ce que je fais, ce que je semble faire en écrivant ainsi ; alors mon monde a pu s'élargir, ne pas se fermer sur moi, et là m'est venu cet adage, qui a été important pour moi dans ma jeunesse et qui a continué parfois à m'accompagner :

Si je ne réponds pas de moi qui répondra de moi ?
Et si je ne réponds que de moi suis-je encore moi ?
Et si ce n'est pas maintenant, quand ?

De Hillel,
dans le Talmud de Babylone, *Pirke Avot* 1:14,
traduit de l'hébreu par Emmanuel Levinas

Peut-être ai-je pu, à travers l'histoire d'un geste commencé dans l'enfance, dans le chaos de la guerre, puis continué dans l'âge adulte et même dans la vieillesse montrer – évoquer au moins – alors que ce geste avait perdu son sens premier, était devenu presque automatique dans certaines circonstances tout en gardant l'émotion, montrer donc comment ce passé était resté inscrit.

Et je sais qu'il en est de même pour tous les enfants ayant eu à subir le chaos de l'histoire, d'une guerre ou d'autres coups de la vie ; leur vie reste, en partie du moins, sous l'égide de ce qui s'est passé pour eux, sans que cela se voie nécessairement. J'en ai entendu certains, et j'espère que mon écoute leur aura permis de mieux entendre leur histoire. Quant à moi, j'ai pu mieux entendre la mienne en les ayant écoutés. Et puis après tout si j'ai écouté, beaucoup écouté, c'est que j'aurais voulu aussi être écoutée. Est-ce une tare ?

À partir de ces propos, il manque divers abords dont l'abord politique bien sûr : comment contribuer à éviter les guerres, à faire cesser celles qui ont lieu, à instaurer réellement et partout l'égalité et la justice, comment protéger les enfants, quels engagements faudrait-il ? Et même, peut-on faire quelque chose ? Le vote, bien sûr, ne suffit pas. Que peut-on faire ? Qu'ai-je fait ? Mais je suis partie d'un geste d'une enfant et j'ai déjà assez dérivé. Je ne m'attendais pas à pouvoir, à vouloir extirper de moi toutes ces pages. Cela m'a été possible après qu'une lectrice bienveillante m'a montré sa confiance à l'égard de mes autres textes.

Maintenant, je veux juste vivre le temps qui me reste à vivre, tant bien que mal, et ce n'est pas une trahison, un oubli que d'arrêter de faire le signe de croix dans ma vie et à ma mort.

Et puis ce n'est pas fini, les mésanges, et même un rouge-gorge, sont venus sur le balcon manger les graines de tournesol que je leur ai proposées, encore une histoire de nourriture, maintenant pour les oiseaux, et de plus je suis dans le vent. Les mésanges et le rouge-gorge viennent rarement ensemble, ils viennent quand ils veulent, bien sûr, mais sûrement en ce moment, alors qu'il fait assez froid. Ils m'allègent, m'étonnent, me calment, me donnent force et courage, le rouge-gorge, lui, me ravit, et je l'entends. Je suis assise devant la fenêtre à les voir, à les regarder. Nourrir n'a jamais été aussi simple, le monde et moi pouvons continuer.

Un homme déguisé en chien
Un chien déguisé en homme
Un parapluie en somme
Tacheté pointillé rayé, exposé

R. P.

Table

Imprimé en France par CPI
en octobre 2020

Composition et mise en pages
Nord Compo à Villeneuve-d'Ascq

MIXTE
Papier
FSC FSC® C003309

L'éditeur de cet ouvrage s'engage dans une démarche
de certification FSC® qui contribue à la préservation
des forêts pour les générations futures.

Pour en savoir plus :
www.editis.com/engagement-rse/

N° d'édition : 60412/01
N° d'impression : 158499